他只是裝優，
妳怎麼
把優

序

我曾經想好好研究一下,當一對男女互有好感、又還沒確認彼此的心意時,有哪些跡象可循?

雖然翻遍了各種兩性關係的書籍、雜誌,也上網爬了許多文章,卻只找到一大堆給交往中男女朋友的建議。

於是我開始研究「戀愛前」的兩性關係,也結合自己和朋友們的經驗,著手寫下一些自己想看的內容。

就這樣寫了四個月之後,我發現了一件事,那就是:為什麼有許多女生遲遲等不到愛情來敲門?

不是她們長得不好看，也不是她們的個性很糟糕，最大的癥結點在於：其實她們搞不太懂最近的男生到底在想什麼。

　　時代變了，男生也變了。現在的男生已經不再像是大多數女生所想的那樣頭腦簡單、四肢發達、做事不經大腦。

　　當然，我並不是說我自己就能摸透最近的男生腦袋裡都裝些什麼，但是，至少我能夠很有自信地拍胸脯告訴妳，最近男生是基自於什麼樣的心理，才會說出那樣的話、做出那樣的行為。

還有，我也很樂意透過我自己、周遭朋友以及幫讀者諮詢的經驗來說明男生的心理，打破大家一直以來加在男生身上的框架。

　　希望我的努力，能在男女之間搭起一座互相了解的橋樑，幫助更多女孩子們擺脫既定觀念和誤解，順利找到自己心儀的好男人。

Daylight

Contents

序 ・ 3

01. 對他有意思？
進入友達以上的階段

請相信，身為女人神準的直覺　　　　　　　・ 13

男生對妳沒興趣，會這麼做 #1　　　　　　・ 17

男生對妳沒興趣，會這麼做 #2　　　　　　・ 22

他一直對我笑，該不會是對我有意思吧？　・ 30

我跟他可能從朋友變成男女朋友嗎？　　　・ 36

矜持的女生 vs. 積極的女生 #1　　　　　　・ 40

矜持的女生 vs. 積極的女生 #2　　　　　　・ 44

他的心意太難猜，害妳傻傻分不清楚？　　・ 49

有個弟弟說他喜歡我，我可以談一場姊弟戀嗎？　・ 53

真的有所謂的「真命天子」嗎？　　　　　・ 57

02. 來了！
小鹿亂撞的曖昧期

最近的男生不吃「欲擒故縱」這一套　　　　　　　・65

別上當！破解新型劈腿　　　　　　　　　　　　・72

他都已經有女朋友了，竟然還來找我？　　　　　・79

什麼樣的女生會錯過好男人才感到後悔？　　　　・84

曖昧期要多久才剛好？　　　　　　　　　　　　・91

男追女的時候，會故意使出假動作讓人混淆？　　・95

小心，這種男生容易喜新厭舊　　　　　　　　　・101

被愛才幸福？我沒那麼喜歡他，還要跟他交往嗎？　・108

差點交往卻錯過機會，我跟他之間還有可能嗎？　・112

03. 好想知道！
「他」到底在想什麼

女生主動聯絡男生，他會猜到我喜歡他嗎？ · 119

年過三十的男生不積極追求愛情的原因 · 126

男生會故意假裝不喜歡？ · 131

男生都忘不了初戀嗎？ · 135

看到容易害羞的女生，他會怎麼想？ · 139

男人絕對不主動聯絡的心態分析 · 143

愛開女生玩笑的男生很輕浮？ · 148

男生真的會愛上常常見面的女生嗎？ · 152

男生什麼時候會對喜歡的女生死心？ · 155

04. 修成正果！
讓心儀的他愛上妳

最近男生表達好感的方式 #1 · 163

最近男生表達好感的方式 #2 · 167

最近男生表達好感的方式 #3 · 173

男生對綠茶婊沒有招架之力的原因 · 176

當男生對妳表達好感，不要老是疑神疑鬼 · 182

能讓男生對妳產生好感的原理 #1 · 188

能讓男生對妳產生好感的原理 #2 · 191

最近受男生歡迎的女生，有哪些共通點？ · 197

心動和愛有什麼不同？ · 202

Chapter. 1

對他有意思？　　　　　　　　　　　　　**進入**
_____　　　　　　　　　　　　___

友達以上的階段

愛在心裡口難開？別急！欲速則不達，太急可是會把事情搞砸的。
重點是要找到自己真正喜歡、願意為妳付出、對妳百般呵護的他，
好好談一場不後悔的戀愛！
能放心地愛與被愛，才是妳真正想要的，不是嗎？

請相信，
身為女人神準的直覺

有些人滿容易自作多情的，只要跟別人眼神交會，就以為他對自己有意思；只要對方笑著跟自己打招呼，就以為他肯定是喜歡自己而得意洋洋、走路有風。他明明只是剛好坐在對面，卻因此認定對方愛上自己而跩得不可一世。

這種人過不了多久就會大失所望，他們會在某個瞬間清醒，發現對方根本不喜歡自己。但或許是因為習慣使然，幾天後他們又會恢復戰鬥力，隨隨便便就覺得又有人對自己有好感。

這樣的心態不太正確。人之所以會盯著異性看，不一定是因為

對那個人有好感，我們自己也常這樣吧？原本正看著某個地方發呆，無意間轉過頭來，目光就剛好跟對方對上了；或是因為對方長得很像自己的朋友、又或是好奇對方身上穿的衣服是哪個牌子，結果視線就剛好撞在一起了。要是隨便看到誰都產生錯覺，就會讓自己在感情路上到處碰壁。

撇開這種無跡可尋、亂猜一通的執念不談，妳是否曾經對一個不太認識的男生產生莫名的情愫呢？我的意思是說，他是不是曾經隱隱約約向妳傳遞出一種無法言喻的感覺呢？

這種感覺，跟那些超級容易會錯意的人硬要合理化的錯覺不同。這不是妳們眼神交會過幾次，也不是他有沒有跟妳打招呼的問題，純粹是妳憑自己的直覺產生的感受。

單從現實狀況看來，他明明也沒有特別對妳做什麼，但是當妳對上他的目光時，妳就會下意識地心想：「這男的怎麼了？」、「咦？奇怪，這個男生……」如果妳每次都有這種感覺，那妳們之間很有可能是真的有些什麼。只要妳不是個嚴重的公主病患者，在這前提之下，妳的直覺可能還比第三者客觀角度的判斷更準。

妳或許有過這樣的經驗：有個大家都覺得很帥的男生出現在妳面前，但妳身上卻沒有產生任何化學反應。我敢打包票，那個男的

絕對對妳沒意思。除非妳是會輕易陷入愛情的類型，或是常常遇見白馬王子的超級幸運兒，不然大多數的人都不會當場喜歡上一個自己不太認識的異性。男女如果要進入互相喜歡的階段，雙方都必須散發出「好感物質──費洛蒙」才行。

　　昆蟲在吸引異性的時候，會釋放出無色無味的化學物質傳遞訊息；人也是一樣，如果遇到產生好感的異性靠近，自己就會不自覺地散發出好感物質。對方接收到這好感物質之後，也會被一股微妙的情感所包圍，覺得兩人之間似乎有些什麼。

　　在這種情況下，就算今天一整天都沒有見到對方、就算一整個禮拜都沒跟對方說到一句話，甚至對方態度有點冷淡、臉上沒什麼表情，妳也不會覺得：「這個人對我沒意思！」

　　如果這種感覺一直在妳的腦中盤旋，那麼，最明智的選擇就是：「相信妳的直覺。」只要妳不是什麼事都能會錯意的錯覺高手，就表示他所散發出來的好感物質已經滲入妳的體內了。

　　一旦產生這種感覺，就不要只是繼續觀察他而已，試著過去跟他說句話吧！如果他身上真的對妳散發出好感，那麼妳的一個小動作，將會帶來令人驚喜的結果。

　　不過也一定要記得，雖然我建議要相信自己的直覺，但意思並

不是說，我們的直覺百分之百都是對的。只有相信自己的直覺，並且鼓起勇氣採取行動的人，才會知道自己的直覺究竟有多準。假如深信自己的直覺是對的，卻裹足不前，就會像是買了最新的iPhone都不拿來用，只是盯著手機發呆一樣。

這種人除非遇見有哪個好心人士跳出來帶著他操作手機、一一為他說明使用方法，不然他什麼都做不了。

但話又說回來，在最近個人主義盛行的時代，這種熱心雞婆的人要上哪找呢？

男生對妳沒興趣，
會這麼做

#1

　　偶爾會有不太熟的朋友說要請我吃飯。朋友問我喜歡吃什麼的時候，我總是毫不猶豫地回答：「生魚片！」、「牛排！」、「鐵板燒！」直接說出我當下想吃的東西，完全不知道什麼叫客氣。

　　不過，如果他提議去吃我不喜歡吃的東西，例如：「要不要去吃豆芽菜麵？」我就會撒個小謊說：「嗯……我昨天吃過了，超好吃的！簡直是唇齒留香啊，哈哈哈！」想盡辦法避開我不喜歡吃的東西。

＜讀者的來信＞

我有一個喜歡的大學同學，我想盡辦法找機會做了各種球表達我的好感，但他好像都沒有察覺，讓我又焦急又鬱悶。我也曾經試探性地表明過自己的心意，都做到這個份上了，但他還是完全沒發現。

他生日那天，我買了他最愛的那隊足球隊制服送他，還附上一封親筆信：「我也會一起替巴塞隆納隊加油的！」那傢伙收下禮物後，居然只說了一句：「哇，我也一直很想買耶！謝啦。」表示他對那禮物很滿意，卻絲毫沒有要藉這個機會更進一步發展我們兩個人的關係。

我覺得自己應該還不至於造成他的壓力吧！他和朋友喝酒也會打電話揪我一起、平常沒什麼特別的事也會找我去喝一杯。我想來想去，覺得可能是他自尊心太強了，明明喜歡我，又覺得自己先說出來就輸了。所以我在考慮是不是要找一天約他出來，喝酒壯膽之後跟他表明我的心意。我本來就是個積極的女生，我想我這麼做，以後才不會後悔！

嗯！收到妳的故事了。讓我為妳鼓鼓掌，妳確實是個對喜歡的男生積極又有勇氣的女生。我相信，抱持這種想法和態度過生活的

妳，將來遇到愛情突然來敲門的時候，一定不會錯失機會的！

然後，這麼說對妳很抱歉，但我還是必須老實告訴妳：那個男生並不是妳的他。妳想告白的那個男生，成為妳男朋友的機率並不高。妳說他是因為自尊心太強，才一直對妳的好感裝傻？那個男生又不是笨蛋，有哪個女生會每天傳訊息給不喜歡的男生？有哪個女生會觀察自己不喜歡的男生支持哪個足球隊？又有哪個女生會三天兩頭約自己不喜歡的男生一起吃飯、一起看電影？

其實妳喜歡他，他都知道。

妳可能會說：「那他為什麼要假裝不知道？」不然要怎麼辦？妳又不是聯誼認識的女生，可以見一次面就掰，妳們以後還會一直碰面，難道要他無情拒絕妳送的生日禮物、妳約的飯局嗎？雖然他不喜歡妳，但也不希望妳們之間變得尷尬。就像我朋友提議要吃豆芽菜麵的時候，我為了拒絕硬擠出一些委婉的說詞一樣，他那樣對妳，就表示他刻意忽視妳的示好。

「什麼嘛！幹嘛這樣？要是不喜歡我就直說啊！」

不論妳再怎麼費盡心思，面對妳的追求，他也只能用這種方式避免傷害到妳。想想看，有朋友邀我去吃豆芽菜麵的時候，就算我再怎麼討厭豆芽菜，也不可能直接跟他說：「吃什麼豆芽菜麵！你

想吃豆芽菜，就自己在花盆裡種一種，每天拔來吃啊！」對吧？他也是一樣，對於身為同學的妳，他沒辦法當面回絕，所以就只能默默希望妳死了這條心，不要再喜歡他。

男生對女生沒興趣的時候，會假裝不知道女生在示好。有些天真的女生，會一廂情願地認為是因為男生比較遲鈍，才感受不到女生的心意。

不過事實上，這都只是女生的錯覺。男生也是能清楚分辨女生對自己好，究竟是出於喜歡自己，還是單純基於同學愛而已。

有些女生在這種狀況下跟男生告白，結果對方回答說：「我還沒辦法確定自己的心意。」、「我需要一些時間思考。」於是那些女生就抱著一絲希望來找我，問她們跟對方是不是還有機會。不過，她們究竟想聽到什麼答案呢？我也沒辦法確定。

拜託，人類又不是單細胞生物，怎麼可能會不知道自己的心意？要是遇上心儀的女生對自己告白，豈不是千載難逢的大好機會嗎？好好把握都來不及了，怎麼可能會說自己「還需要一些時間思考」？男生既然那樣說了，就表示他對妳沒意思。也許妳幾年後再對他告白一次，他還是會沒辦法確定自己的心意，甚至到那時候還是會說：「我需要一些時間思考。」

不要對對方善意的謊言抱有任何期望！還有，千萬別請我吃豆芽菜麵！

如果那個男生喜歡妳，就算妳只是遞給他一罐飲料，他也會走向妳；如果他對妳沒感覺，就算妳買一台跑車送給她，他還是會對別的女人投懷送抱。

所以，從現在起請好好睜大眼睛，看清楚是誰會對妳的示好有反應，然後好好抓住他吧！這樣，妳的戀愛之路走起來才能更加平坦順暢。

男生對妳沒興趣，
會這麼做

#2

我在上一篇提到，男生對一個女生沒興趣時，最常見的就是「在女生示好的時候裝傻」。接下來，我會提出證明男生真的對妳沒興趣的第二個證據：「容易忘記跟這女生有關的事」。

當然，有些人天生就是金魚腦、記性很差，我也不例外。諷刺的是，好幾十年前發生的事，我可以記得非常清楚，但發生不到幾分鐘、幾秒鐘的事，我卻常常想不起來。連剛才也是這樣，剛剛我進浴室，正要洗澡的時候，完全想不起自己有沒有開熱水器。只不過是幾秒前的事耶！等我又跑到浴室外面確認，才發現熱水器已經在燒熱水了。

雖然不知道為什麼我年紀輕輕就這樣，但我卻能正確說出只有一面之緣的人叫什麼，甚至還記得幼稚園才藝表演穿的衣服是哪個牌子，連家人聽到都傻眼的地步。看來，我的腦殘程度應該還沒嚴重到要住院吧？所以，每當遇到這種情況，我也只能一笑置之了。

總之，像我這樣短期記憶力很差的人其實還滿多的。這麼說來，我們這些人要是遇到自己感興趣的對象，是不是也會比其他人更容易忘記對方的事呢？絕對沒這回事！

只要不是真的記憶力受損到必須接受治療，人一定都會優先記住自己感興趣的種種資訊。想想看，一個班有數十個學生，我們也會先將感興趣的對象輸入在腦中，光看這點不就可以知道了嗎？可是妳說，都已經過了一個月，那個男生還是不知道妳叫什麼名字？這就表示他對妳完全沒興趣嘛！

為了幫助妳理解，我來舉個例子好了。某個週五的晚上，妳接到大學同學志妍的電話，約妳去捷運公館站附近的餐廳吃飯。平常不論妳再怎麼凹她介紹男孩子給妳認識，她都死鴨子嘴硬，說自己沒認識什麼男生，但她這次竟然說要介紹兩個國中同學給妳！

到了餐廳，妳把包包放在志妍旁邊，小心翼翼坐下來，偷偷瞄了那兩個男生一眼，結果發現其中一個男生完全就是妳的菜！妳心

中小鹿亂撞卻極力掩飾，還打了一下志妍的手臂，唸她說：「什麼嘛！妳跟朋友一起，怎麼不早說？」

幸福的用餐時光告一個段落，志妍看穿妳的心思，開始幫妳做球給妳心儀的那個男生，說：

「鄭俊泰，你還沒搬出來自己住吧？」

那個男生攤了攤手，一臉無奈地說：

『嗯，我爸媽一直不答應。再這樣下去，我看我這輩子都離不開蘆洲區了。』

聽到他這麼說，妳不自覺脫口問：

「喔？你住在蘆洲嗎？」

『對呀，我從小就住在蘆洲。怎麼了？』

妳整個人湊過去，開心地說：

「我就住在三民高中站耶！搭中和新蘆線的話，我家跟你家只差一站嘛！」

『真的嗎？那超近的耶！我有一個好朋友也住在三民高中站，

我幾乎每個禮拜都會去找他。』

　　一聽到俊泰這樣說，妳心裡暗自叫好，覺得跟他更進一步發展的可能性越來越高了。

　　一個月後，妳主動連絡志妍，想透過她安排妳跟俊泰第二次見面。因為妳特別拜託要安排得自然一點，所以志妍就帶妳去參加俊泰他們學校的校慶。當天俊泰擔任校慶的演出企劃，看起來很忙，但志妍說再過一個小時，等他忙完校慶就可以一起去參加慶功宴。所以，對別人校慶興趣缺缺的妳，假裝逛得很開心的樣子，跟志妍一起在校園裡閒晃。

　　一個小時後，俊泰真的帶著朋友們一起去學校附近的炸雞店開慶功宴。妳既緊張又興奮，期待著能有機會跟俊泰聊天。結果俊泰一坐下來，就問了妳的朋友志妍：

　　『欸！地鐵快沒車了，妳們待到這麼晚OK嗎？』

　　「喔，OK啦！搭計程車回去就行啦！」

　　志妍一副無所謂的樣子邊吃爆米花邊回話。接下來，那個男生竟然看著妳說：

『這位同學，請問妳住哪裡？』

什麼？！這位同學，請問妳住哪裡？？？

自從妳跟俊泰在捷運公館站餐廳相遇的那天起，妳連一刻也不曾忘記他住在蘆洲，甚至還因為他住得離妳家很近，滿心期待能有更進一步的發展……結果，他竟然還對妳說「這位同學，請問妳住哪裡」？！

噢……我實在是百般不願意，但還是容我說句實話：事到如今，難道妳還覺得有希望嗎？妳有沒有哪根筋不對？與其繼續幻想著能跟他交往，倒不如去買張樂透期待自己能中大獎，這樣失望的機率反而小得多。

要是自己想認識的女生就住附近，這種好康的事沒有任何一個男生會輕易忘記的。不，老實說，就俊泰的立場而言，他根本就不是忘記妳家在哪裡，而是他打從一開始就對妳沒興趣，所以只是當成耳邊風聽聽就過了。他純粹就是在不知不覺中忘了妳的存在。

請妳務必切記：會忘記，就表示沒興趣。人絕對不會輕易忘記跟自己感興趣的對象有關的事情。如果再加上有好感、甚至是有心動的感覺，那就更不用說了。在這種前提之下，如果有人輕易忘記跟某人有關的事，就可以說是「對對方毫無興趣」的強力證明。

妳喜歡的男生老是重複問妳已經說過的事？要是這樣，那現在就輪到妳來忘記他的事了。沒希望就是沒希望，妳跟沒希望的人之間，是不會有進展的。如果妳還不死心，就只會跌得越重、傷得越深而已。

現在就把他給忘了吧！雖然有些記憶需要由自己刻意抹去，但也有些記憶會因為妳不再去想，而漸漸從腦海中褪去。

#輕易地 #忘記 #就表示 #沒興趣

會忘記，就表示沒興趣。

人絕對不會輕易忘記

跟自己感興趣的對象有關的事。

他一直對我笑，
該不會是對我
有意思吧？

笑容有很強的感染力，妳可以發現我們拍手大笑的時候，旁人也會嘴角上揚。的確，笑容可以將愉快的能量散播出去，讓別人覺得陽光正向。而且，當我們對某個異性產生好感時，他臉上的笑容更是大大加分。

就連跟同性朋友說話，對方嘴角的微微一笑也會增加好感，更何況是個面帶笑容的異性，還條件頗優，我們的好感又會飆升得多快呢？要是有個很不錯的異性對我們露出微笑，那笑容裡有什麼含意，就讓我們來一探究竟吧！

「他該不會是對我有意思吧？」

「他對每個人都這樣嗎？」

如果因為對方的笑容越來越常想起他，我們自然而然就會慢慢陷入情網，然後開始想盡辦法了解他的心意。

男人為什麼會對女人笑？等一下，更直白地說，當一個男人對女人笑的時候，他心裡究竟在盤算什麼？當然，每個男人的心思和意圖都不一樣，但普遍來看，男人對女人笑可以簡單歸納出三個原因。

第一個就是「習慣」。意思就是他已經習慣那樣笑了，並不是特別針對妳，不管對誰他都笑，沒在分對方是同性還是異性。仔細觀察生活周遭，就會發現這種人不少。

他們或許是希望用自己爽朗的微笑來溫暖這個冷漠的世界、或許是為了在社會生存而刻意用笑掩飾自己、或許是因為他人品高尚，也或許是在同情對方，各種狀況都有。

這種男性通常都有一個很明顯的特徵，那就是不論跟誰四目交接、不管對方是男女老少，他的臉上都會帶著微笑，頻率高到甚至會讓人懷疑他是不是都在假笑。這也就是我為什麼會說這種笑容是

一種習慣。基於習慣而笑，絕對不是件壞事或錯誤，但至少可以確定，他笑絕對不是因為對妳有意思。

男人對女人笑的第二個原因：因為他是「中央空調男」。這種人會對所有女生都暖、隨時準備釣一堆女生當備胎。很會把妹的男人相當清楚「微微一笑很傾城」的道理，知道笑容對女人有多麼大的殺傷力，也很擅長使出這一招。

跟女孩子對到眼神的時候，他們絕對不會閃避，還會彎起眼角發動笑容攻勢；要是在對話過程中，女生很緊張、講話有點結巴，他們就會露出一副「天啊！妳超可愛～」的表情，盯著那女生的眼睛猛放電。

這種「撩妹攻勢」的成功率相當高，是這些把妹高手最常使出的經典招式。依我看來，未來還是會有很多女生對這種攻勢毫無招架之力。

那有沒有什麼辦法可以識破這種隱性渣男呢？辦法是一定有！但是教妳如何分辨之後，妳有沒有能力過濾掉這種人就難說了。因為妳就算知道他們的企圖，還是可能會被他渾身散發的魅力給迷倒，難以自拔。

要分辨他們的方法很簡單，就像剛剛說的，他們都很懂得撩

妹，妳只要時時記住這點，然後觀察他們的舉動就能知道。會到處放電的男人，絕大多數都滿花心的，他們絕對不可能只滿足於擄獲一個女人的芳心。不只對妳，他們也會同時對其他女人使出一模一樣的招數。

當他跟其他女生講話的時候，妳可以離得遠一點，站在那個女生的立場觀察一下他們互動的狀況。假如他們對話過程中，妳發現那個男人也說了什麼曖昧的話、或做出曖昧的舉動，那就證明那個男人之所以對妳露出迷人的微笑，只不過是要釣妳上鉤、放進他的漁場裡當備胎罷了。接下來，妳是要就此死心，還是要執迷不悟，就看妳的決定了！

男人對女人笑的最後一個原因，當然就是他真的對妳有意思了。就是因為對妳有意思，所以嘴角才會不經意上揚；就是因為對妳有意思，眼角才會不自覺流露笑意。想要分辨對方是不是對妳有意思，那就只要把前面那兩種方法反向操作就可以了。

所以，只要他不是平常看到誰都眉開眼笑的人，跟其他女生在一起時也不會刻意衝著對方笑的話，就表示他不是習慣微笑或是用笑容撩妹的男生。

老實說，大部分的男生都還是屬於這類。那種不分男女老少、

對所有人都笑容滿面的男生，或是特別只對女孩子笑瞇瞇的花花公子，相較起來還是比較少。如果有個男生總是對妳笑，那麼恭喜妳，他因為喜歡妳而對妳笑的機率是最高的。

不過還有一個附加條件，如果這個條件不夠充分，那妳很有可能還是想太多囉！因為人本來就容易小題大作，尤其是把自己心儀對象的小動作放大來看。

在將男生眼角的笑意解讀為示好之前，妳一定要先確認他的「目光」。也就是說，妳平常就有感覺到他一直在看妳，這樣才算數。舉例來說，妳正要打開筆袋，結果拉鍊壞掉、妳用力拉也拉不開，這時卻發現有個座位離妳滿遠的男生看著妳，抿嘴而笑。

如果這種情況很常發生，而且他在每次妳們四目交接的時候都對妳笑？那不用懷疑了，他肯定是對妳有意思。當然，每個男生的個性都不一樣，所以不一定都會把他們對異性的關心表現出來，但只要他出現這樣的舉動，那就很顯然是在注意妳沒錯。

接下來就輪到妳了。不要只是被動地等男生來追，趕快跑去抓住他的心吧！再繼續猜下去，妳就什麼都做不了了。

別老是要求男生證明得更多、表現得更明顯，他已經很努力鼓起勇氣向妳表明心意了。妳可能會回我：「哪有？什麼時候？我又

沒看到。」拜託，他的目光不就一直停留在妳身上嗎？

　　就算妳只是在自言自語，他還是回過頭來看妳；就算妳只是說個無聊的冷笑話，他還是很捧場地拍手大笑，不是嗎？如果妳還要講求更具體的證據，那就太貪心啦！

　　雖然妳可能無法輕易承認他喜歡妳的事實，但他的心究竟跑到誰身上，其實妳全身上下都已經感受到了啊！

　　目光停駐的地方，就是內心停駐的地方。

我跟他可能從朋友
變成男女朋友嗎？

＜讀者的來信＞

我真的悶到快爆炸了⋯⋯我跟他一開始單純只是朋友，但後來我們也滿常兩個人單獨約去吃飯啊！搞不懂那傢伙到底在想什麼。

對，我喜歡他，而且是對異性的那種喜歡。剛開始我對那傢伙完全沒有一絲心動的感覺，可是相處久了之後，就不知不覺愛上他了。最近跟他見面，我都沒辦法像以前那樣開懷大笑，因為我覺得這種「友達以上、戀人未滿」的見面很沒意思。

而且，那傢伙在我面前提到其他女生時，我心情就會跌到谷

底，完全笑不出來。每當這種時候，他又會露出一副很無辜的表情，問我為什麼臉那麼臭，是在氣什麼？甚至還問我該不會是喜歡他吧？我真的很懷疑那傢伙是不是早就看出我喜歡他，才故意這樣耍我。

他無聊的時候會找我、想喝酒的時候會找我、想找人看電影也會找我，甚至週末天氣好還會揪我一起去戶外野餐。那傢伙心裡到底在想什麼？

對那個男生來說，妳依然是他鐵打的兄弟（或閨密）？還是變成跟他關係曖昧的女生了呢？想確認這點，可以檢視一下幾個關鍵。當妳成為一個男生的曖昧對象，他一定會對妳做出以下舉動。

證據一：男生變得很有禮貌。那個之前讓妳相處起來很自在的男生，突然在妳面前說話、舉止變得很紳士，語氣比以前更溫柔，動作也彬彬有禮到讓妳懷疑：「你誰？是我認識的那個○○○沒錯嗎？」跟他講話講到一半，妳會不自覺地感到納悶：「咦？他幹嘛這樣？」

這種時候，表示他正逐漸以一個男性的姿態出現在妳面前。他明明平常就不是這樣，卻突然做出這些舉動，當然會讓妳覺得尷尬、不適應。但也正因為這突如其來的尷尬感，清清楚楚證明：他

已經把妳當成曖昧對象來看了。

妳已經成為他曖昧對象的證據二：他會一直稱讚妳。男生都有某種傾向，就是當他把一個女生當成異性的時候，就會找出那女生的優點稱讚她。反向思考也一樣，如果男生對一個女生沒興趣、對方也沒做出什麼事值得稱讚，當然也就不會硬找出對方的優點來稱讚。不過，一旦男生對某人產生好感，就會為了討她的歡心一直找理由稱讚對方。

所以，如果有個平常都會當面損妳、愛作弄妳的男閨密，某天突然認真地看著妳的眼睛稱讚妳，妳就可以知道他已經把妳當成女人來看了。

他把妳當成曖昧對象的最後一個證據：他對妳超級好。除非是那種對誰都好的男生，否則沒有哪個男生會一直照顧他不當異性看的女生。再加上，如果他以前都沒對妳好過，就更能夠證明我說的沒錯了。

他會無緣無故說要幫妳背包包；妳趕作業沒空去吃午餐，他去幫妳買回來；妳感冒看醫生，他突然打電話來噓寒問暖……這個男生反常地對妳百般照顧，不是吃錯藥才突然變成暖男一枚，是因為他開始感覺到妳是一個女人！

相反地，如果妳跟他還是一如往常地一起吃飯、兩個人單獨喝酒、一起看電影，但妳在他身上完全看不到剛剛說的那些態度轉變，就表示他依然只把妳當成他的兄弟（閨密）而已。萬一他不巧是個渣男，在這種狀況下，他可能只不過以朋友的名義，把妳釣進他的備胎漁場裡養著罷了。

如果遇到這種狀況，就需要做個了斷。如果妳也沒有把他當異性，那大可不必再繼續維持這段關係。可是，假如妳漸漸感受到他是個男人，卻感覺不到對方的心意有一絲絲變化，那我奉勸妳立刻切斷這種曖昧關係。妳問為什麼？因為在這種狀況下，注定妳以後只會遍體鱗傷啊！

我相信男女之間也能存在著純友誼，但我也知道不可能所有男女關係都是這樣，而且我自己也驗證過了。當男女其中一方開始對另一方產生情愫，從那瞬間起，雙方就很難再維持純友誼了。

矜持的女生
vs.
積極的女生

#1

　　女生喜歡一個人的時候，大致上會分成兩種類型，一種是會跑去告白的積極女生，另一種是就連對方靠近也依然ㄍㄧㄥ著隱藏心意的矜持女生。究竟哪種類型比較好？其實很難說。每個人個性不一樣，對待異性的方式當然也截然不同。

　　不過，「戴上面具的女生」又是另一回事了。簡單來說，這種女生本來是屬於積極型，卻因為自尊心太強拉不下臉來，反而會故意營造出距離感。這類型的女生有一個共通點，就是心裡常覺得有個聲音在戳著她的痛處。

尤其在這些時候：

- 突然想到那個男生的時候
- 幸運跟那個男生聊到天，卻完全無法表白心意的時候
- 長時間無法見到那個男生的時候
- 那個男生熱切地談論其他女生的時候

遇到這些狀況，女生就會覺得自己心中正有人揮拳砸向自己的胸口，還伴隨著一股微微刺痛、酸酸的感覺擴散到全身。雖然不知道自己體內是分泌了哪種荷爾蒙造成這種感覺，但每次只要一想到那個男生的事，這種感覺就一定會蔓延到全身。

妳知道嗎？要是再這樣放著不管，這種狀況就會演變成一股巨大的壓力，壓得妳喘不過氣來。這可惡的苦澀感，跟壓力型消化不良、壓力型失眠，是最佳拍檔三人組。它們根本不會徵求妳的同意，就三不五時直接手牽著手找上門來。然後，妳就會開始莫名其妙地對家人、好朋友，或一些對妳來說重要且相處起來自在的人感到不耐煩，開始亂發脾氣、變得相當敏感。

這一切都是因為妳幫自己戴上了面具。只要抽離「愛情」這個主題，妳就會明顯恢復成一個活潑又積極的人：一有想吃的美食就要盡快吃到，一有想買的東西就一定要買回家才會善罷甘休。不管

別人給妳再怎麼中肯的忠告，只要妳心裡覺得抗拒，就還是會順著內心的聲音過生活，這才是妳。如此積極又有主導性的妳，在心儀男生面前卻死命壓抑自己的感情，身心當然會被悶壞嘛！

究竟是什麼原因，讓妳對其他事情都主動積極，偏偏對愛情就採取消極的態度來面對呢？原因當然有很多，不過其中影響最大的，絕對是社群媒體。

以前有位女諧星在電視台節目中，對她單戀的同台男諧星大膽求愛，一度引發大家的熱烈討論。那位女星在進電視台錄影的一年半前，也在一起合作的綜藝節目上告白了四次，雖然每次都被拒絕，但她還是一直喜歡他，就在節目中吐露她的煩惱。

當時節目中的其他來賓都追問那位男諧星為什麼要拒絕四次？最後那位男諧星才說，他覺得女方是比自己更資深的演藝界前輩，不太適合。其他來賓一聽，都嗆他說這理由太扯了，那男諧星招架不住，又補了一句：「因為女方太積極了，讓他很有負擔。」

結果，很多女生聽說這件事之後，就誤會：「男生果然不喜歡積極的女生！」

這些女生原本就覺得對心儀男生積極展開行動，心思很容易就會被看穿，或覺得這樣會傷到女生的自尊心。所以這件事之後，很

多女生都開心地以為自己發現了什麼戀愛祕笈。

從那時起，不管她們心中小鹿撞到快沒命，也都會想辦法克制自己，以免被男生當成太積極的女生。到後來，就像自動販賣機不投錢就不會掉飲料一樣，這些女生都會面臨一個無法否認的殘酷事實：她們和男生的關係毫無進展。但是這根本就是理所當然的嘛！

遇上這種哀怨狀況的女生，都會傾訴一些共同煩惱，像是：「我根本沒辦法跟男生變熟！」、「我覺得他應該對我沒意思。」、「男生都不會講清楚說明白。」……等等。

亂講！男生哪有這樣？當然，以那個男諧星為代表，的確有些男生主張：「太積極的女生讓人有負擔。」這世界上有這種男生存在是個不爭的事實，但是我身為男生，我敢大膽地說：「這種說法對絕大部分的男生來說，完全不是事實！」

妳懷疑我說的？覺得我就是在唱反調，要女生別矜持？還是在主張其他男生通通都說謊嗎？絕對不是。先拜託妳專心聽我接下來要講的話，OK？從現在開始，我會一個一個說明我主張的根據。

矜持的女生
vs.
積極的女生

#2

　　上一篇提到，有些男生說「太積極的女生會讓人有負擔」，這種說法絕對不是事實。我會這樣主張是有原因的。二十世紀初，美國猶太裔物理學家愛因斯坦發表了相對論，但我腦袋中負責科學思考的細胞，早在十五年前就已經棄我而去，瞬間消失得無影無蹤，害我不管是讀再怎麼簡單白話的科學書，都還是搞不懂愛因斯坦說的「狹義相對論」和「廣義相對論」是在講些什麼。

　　當初愛因斯坦發表相對論的時候，也有位記者跟我一樣少了點科學腦。

他拜託愛因斯坦簡單說明一下什麼是「相對性」，愛因斯坦便露出幽默風趣的本色，機智地回答：「跟漂亮女生在一起的時候，一小時過得就像一秒那麼快；但如果是坐在過燙的暖爐上，一秒就像一個小時那麼難捱。這就是相對性。」

愛因斯坦這番簡潔有力的回答，讓那位記者奉上膝蓋，也收服了我的膝蓋。我想跟妳說的就是：在男女關係中，相對性原理也扮演著相當重要的角色。

不管妳願意承認也好、不願承認也罷，總之，人就是無法用百分之百公平公正的態度來對待所有人。遇到自己看順眼或有好感的人，我們態度上自然會釋放出更多善意。

比方說，有個漂亮的正妹進了一家店用餐，雖然她只點了吃的，但餐廳的男店長就會免費招待她一杯檸檬汽水。又比方說，有個長得帥的男客人去寵物店買東西，雖然他只買了一件狗狗的衣服，卻得到了女店長免費贈送的磨牙棒。顏值高的人，天生就是吃香啊！

看到這裡，妳覺得呢？是不是也有過類似的經驗？妳不喜歡的男生單方面對妳示好，妳就把他當成「令人有負擔的男生」。如果妳喜歡的男生老是做出一些曖昧的舉動，卻又不輕易表達他對妳的

好感，妳就覺得他是「沒勇氣的男生」。這也是一種相對性。

同理可證，那些說自己不喜歡女生太積極的男生，其實也都是雙重標準、話中有話。什麼叫做「不喜歡太積極的女生」呢？為了讓妳搞清楚狀況，容我來幫妳說文解字一下吧！

「我不是討厭女生太積極，是討厭我不喜歡的女生太積極。」

這才是男生心裡的大實話。假如自己喜歡的女孩子態度不清不楚、沒有充分表示出對自己的好感，令人難以捉摸，男生也會把那女生當備胎，還會動不動就擺臭臉說：「那女的就是對我沒意思，才會那樣子吧？」

來，在這個世界上，本來就已經很難相信任何人了，我們沒必要連自己也騙。既然妳我都心知肚明，我們就大方承認這個事實吧！「我們都希望自己喜歡的異性，能積極對我們表達出好感。」

假如這句話是錯的，就不會有哪個男生或女生為情所困了。而且，也無法解釋為什麼我已經公告過N次，說我沒時間接受個人諮詢，每天還是會收到幾十封信拜託我幫忙，主旨都是「請幫我看看這男生是不是對我有意思？」

不要老覺得男生跟女生是不同的生物，這種想法就是引發所有

誤會和混亂的萬惡淵藪。如果一個女生看到有男生積極主動關心自己，會對他產生好感；那當男生看到女生積極主動關心他，也會對她產生好感的。這樣想就對了。

明明自己完全沒對對方表現出任何好感，卻又計較對方為什麼不喜歡自己，這就像有個求職青年通過了企業招募的書面審核，卻在面試回答問題時從頭到尾面無表情。等落選才森七七地問：「那間公司到底為什麼不錄取我？！」

除非有企業透過獵人頭公司打聽到妳的出眾能力招攬妳，要不然，不管妳去哪裡應徵，都不會有公司被妳的那張臭臉深深吸引而錄取妳的啦！同樣的道理，除非那個男生對妳一見鍾情，否則如果妳的態度消極又被動，根本就不會有男生覺得妳很有魅力，這種男生在這個世界上是不存在的。

到現在還不相信我說的話？妳還是認為只要女生一積極，男生這種生物就會有負擔嗎？還是妳覺得因為作者我本人是男的，所以別有居心？

那，我現在也不相信妳是真的不相信。我都已經證明到這種程度了，那麼我就當作妳的懷疑與不信，說穿了就只是怕面子受傷、為了維護自尊心而表現出來的一種可愛反抗罷了。

他的心意太難猜，
害妳傻傻分不清楚？

＜讀者的來信＞

　　光是一個禮拜之內，我就彷彿從天堂掉入地獄，又從地獄飛上天堂，這樣上上下下了好幾次。明明前幾天才看到他眼角的笑容，確定他對我有意思，但是今天中午看到他跟一個走得很近的學妹一起去吃Subway的時候，又覺得他好像對我沒意思。

　　這種狀況也不是這幾天才出現，上個禮拜一聽說他跟我朋友問了很多關於我的事，我就高興得不得了，還跑到學校頂樓歡呼，但過了幾天他就跟朋友跑去旅行，不來參加我們社團的聚餐。那次聚

餐可是我跟他能更進一步的大好機會欸！真的超失望！

這男生到底為什麼要這樣讓我混淆呢？如果對我有意思就積極一點，直接說出來，不然就算了嘛！幹嘛每次都害我像是坐雲霄飛車一樣，心情七上八下呢？他的舉動老是落差這麼大，真的很想知道他心裡究竟在想什麼。

好，我知道妳現在因為那個男生腦中一片混亂，不過不只是妳，大多數女生都曾經遇過這種事。妳知道為什麼會遇到這種事嗎？因為這些女生選擇用自己的標準來衡量對方的舉動。如果男生做出合乎她們期待的事，她們就高興得快要飛上天，但只要做得稍稍不符合她們的期待，她們就像是在賭場裡輸了一屁股債一樣，整天愁眉苦臉。

妳們到底是怎麼了？為什麼要因為男生的一個動作就患得患失，一下開心一下難過呢？妳是一個獨立的個體，而那男生也同樣是一個獨立的個體。那男生絕對不可能按照妳的每一個期待來行動。雖然妳希望他每次跟妳眼神交會的時候都笑得含情脈脈、希望他在意妳有沒有男朋友、希望他完全不跟其他女孩子來往、希望他每次都跟妳一起去聚餐。但是！對那男生而言，他也有自己獨立的想法和狀況，他又不是妳的分身，妳怎麼能期待他每件事都按照妳的期待去做呢？

因為他沒有整天跟妳黏在一起，妳就感到混淆，其實這是很自然的事。在這個階段本來就會這樣。話說回來，妳又有對他做出什麼明確的表示嗎？妳所觀察到的，就是他所有舉動了嗎？如果他真的對妳有意思，以他的立場來說，他一定會更搞不清楚妳心裡在想什麼。

還有，說不定他現在正為了追到妳而卯足全力。他對妳笑、打聽妳的消息，妳為什麼要覺得他的這些努力毫無意義呢？想想妳有為他做到這種程度嗎？當然，這一切也有可能都是巧合，但是那男生每次看到妳都對妳笑、還跟朋友打聽妳的情報，這些已經是相當積極的訊號了。即使妳光憑這些事實就對那男生示好，也完全不會奇怪。

可是，妳卻只是在背地裡、成天在心中吶喊：「再加把勁吧！」、「再多表示一點吧！」我敢保證，妳是絕對無法滿足的，因為他以後還是會按照自己的狀況和想法來行動。妳不能只是在那邊哀怨說不懂男生們的心思，應該要直接去弄清楚他真正的心意是什麼。

如何？現在該由妳主動出擊了！當他對妳笑時，妳就在跟他聊天過程中輕輕碰他一下；他跟妳的朋友打聽妳有沒有男朋友時，妳就直接跑過去問他有沒有正在交往的女朋友，這樣就好了嘛！如果

不採取行動，可能妳的疑惑也會很快結束。因為那男生看妳一直沒反應，可能會覺得自討沒趣而摸摸鼻子離開。

我再重申一次，任何人面對自己心儀的對象時，都會猜不透對方的心思。這個世界上，沒有一個人能完全看透另一個人的內心。所以，如果因為自己猜不透男生的心思，就要求對方應該表示得更明確，這種要求其實還滿自私的。

想結束這種混亂的狀況，就只能由妳親自出馬了。從現在起，不要光是接受他的好意，而是「加倍奉還」吧！男生接收到妳的好意，就會漸漸地努力表現、好讓妳放心，這樣妳就不會再傻傻分不清楚他的心意了。

很多人在描述兩性關係時，都說：「愛是要爭取的」。親身經歷後發現，這句話說的真是不錯。「愛」這種東西，並不是唾手可得，愛是我們要鼓起勇氣去爭取的。

有個弟弟說他喜歡我，
我可以談一場
姊弟戀嗎？

<讀者的來信>

　　有個年紀比我小的男生說他喜歡我，很積極地追求我。一開始我只覺得他就像個弟弟，常見面之後，又覺得這小子其實也滿MAN的。而且就連在難得的週末，他也為了要跟我見面，放棄跟他的好哥兒們去喝酒。我覺得他對我的好感好像不是一時的衝動，我活到現在都還不曾對年紀比我小的男生敞開心門，這次如果選擇跟他交往，這樣好嗎？

就我自己的個人經驗來說，我認為愛情跟年齡差距一點關係都沒有，我以前也曾經跟年紀比我大的女生有過曖昧，還曾經跟其中一個姊姊認真交往過。男生們聚在一起時，常聊到的話題之一就是「女生的年紀」。所以，是否該打破妳心裡的既定規則，不再只跟比自己大的男生，也試著跟年紀小的「弟弟」交往看看呢？關於妳提出的這個問題，我這裡有些建議供妳參考。

首先妳需要知道，「弟弟」不都是一樣的「弟弟」。世界上有兩種弟弟，第一種依賴性比較重，第二種主導欲比較強。

我先問妳，妳覺得上面兩種弟弟，哪一種比較能跟年紀比自己大的「姊姊」持續穩定交往呢？根據我自己還有觀察周遭姊弟戀的結果，一般交往時間長、雙方年紀都逐漸增加，還是能維持穩定關係的，以第一種弟弟居多。

第二種弟弟，等時間一久、年紀大了之後，通常會轉而追求年紀比自己小的女生。為什麼跟這兩種弟弟男交往，最後結果會差這麼多呢？正是因為他們本身的特質。

第一種類型，也就是對年紀稍長的姊姊有些依賴性的弟弟們，他們有強烈需求，希望能從比自己精明能幹、經歷豐富的人得到理解和安慰。由於他們骨子裡就帶有這種需求，就算年紀隨時間增

長，他們還是會被能理解、安慰自己的姊姊們吸引，不太會去找那種需要他們負責安慰的年輕妹妹。多虧有這種特質，也讓他們比較能穩定地跟姊姊一起愛情長跑。

反之，第二種類型的弟弟，他們打從一開始就是基於截然不同的原因被姊姊們所吸引。尤其是在十五六歲之後、二十五六歲之前，他們會想要跟年紀比自己大的女人交往，最大原因就是想滿足他們的「征服欲」。原本他們的確覺得年紀大一點的女人很有魅力，但對方的年紀比自己大，相處的時候也會需要比較客氣、有禮貌。如果把姊姊們變成跟自己地位同等的男女朋友，就能跟成熟的姊姊平起平坐、像朋友一樣相處，這會讓他們覺得很開心。簡單來說，就是他們很享受於可以搞定年紀比自己大的女人，享受征服的欲望。

第二種類型的弟弟在年紀大一點之後，往往就不會再感受到姊姊的魅力。因為他們在二十五六歲前就已經跟姊姊交往過，征服欲被滿足、自己年紀也不小了。其中大多數的男生在超過二十五歲之後，就會想跟那些年紀比自己小、愛跟在他們身邊、黏著他們撒嬌的年輕妹妹交往。而且年紀大一點的熟女們，還會想到結婚的事，交往起來比較有負擔。當他們超過三十歲之後，甚至還會講幹話，說：「女生還是要越幼齒越好！」

所以我想提醒妳，先分析看看，最近追妳的那個弟弟是屬於哪種類型？如果他像第一種，那恭喜妳，可以認真考慮跟他交往看看。但如果妳覺得他比較像第二種，那奉勸妳真的要三思。

　　雖然我前面提到的統計結果，不能套用在「所有」弟弟們身上，但如果有符合某一種類型的狀況出現機率偏高時，就表示那方面的假設很有可能會變成現實。

　　對於那種出於好奇而想跟妳交往的第二種弟弟，需要慎重考慮要不要接受他的追求。他對妳可能沒那麼真心，只是想找一個有「姊姊」特徵、能帶給他刺激和快感的對象罷了。一旦享受過那種激情、他的征服欲也被滿足，就會毫不留情地離妳而去。

　　不過妳可千萬別誤會，不是因為跟弟弟交往有這種風險，就表示跟比妳大的男人交往就完全沒有喔！

　　好男人不管年紀大小都是好男人。從現在起，就別再以年紀來區分男人，先看看對方的意圖，確認他是不是真心的吧！

　　反正，尋找愛情的時候，本來就不是要選出最好的，而是要把不適合妳的挑掉。

真的有所謂的
「真命天子」嗎？

　　當我們還沒什麼戀愛經驗，滿腦子都是幻想的時候，往往容易產生一種錯覺，那就是相信：「我命中注定的那個人，一定就在這世界上的某個角落！」

　　總覺得生命之中會有這麼一個人，在跟他邂逅的瞬間就會同時一見鍾情、天雷勾動地火，就算想逃開他也還是會不斷相遇、躲也躲不掉，無論時間過得再久，兩人之間的愛火依然不會熄滅（愛情劇好像都這麼演）。

　　很多人在累積了幾次戀愛經驗之後，就會認清現實，明白世界

上根本不存在著命中注定的真命天子。But ！！也有人談過好幾次戀愛還是不死心，因為目前身邊的男朋友或女朋友無法滿足他們，他們就認定自己只是還沒遇見真命天子或真命天女，還一心期待總有一天能遇見「那個人」。像這樣滿腦子粉紅泡泡浪漫幻想的，大有人在。

我可以很篤定地說，那種能讓妳怦然心動一輩子的異性並不存在。要是一直痴痴等待只存在於偶像劇、小說裡的對象，恐怕會讓妳身邊不錯的異性全部跑光，最後只剩妳一人獨守空閨了。

就算妳真的、真的很幸運遇見了夢寐以求的白馬王子，時間一久，那種怦然心動的感覺終究還是會消失，倦怠感一定會找上門來，因為妳已經習慣他的陪伴了。要是妳每次遇到心動對象都這樣拋棄對方，還繼續大談什麼命中注定，搞不好妳這輩子都無緣遇到真愛囉！

其實我也懂，人的欲望就像黑洞一樣沒有止境，心理上難免會有期待，覺得未來會遇到更好的也說不定。但是，假如一個人不滿足、不感謝眼前擁有的，難道給他新的，他就會立刻轉性變得知足又感謝嗎？我到現在從～來沒看過這種人會有所改變，只要給他新的，他一定會立刻找出缺點，然後再去追求下一個新的，覺得「下一個會更好」。

人的未來無法預測，每個人都絕對不可能知道自己生命哪天會走到盡頭。如果說，我們都過著不可預測的生活，就要有所自覺，現在所擁有的一切，或許就是我們這一生中最後所能擁有的了。把話說回來，現在有個重要的人陪在妳身邊，妳還有什麼理由不感謝他的存在呢？要是不懂得珍惜，無論妳活得再久、甚至長生不老，到頭來可能都會是一場空，什麼都無法擁有、無法享受。

　　所謂的真愛，並非根據胸中小鹿有沒有撞死、心臟有沒有怦怦跳到麻痺來證明，而是要珍惜並感謝妳身邊、在妳的人生旅程中陪妳一起走的人，照顧他、守護他。

那種能讓人怦然心動一輩子的異性並不存在。

要是一直痴痴等待只存在於偶像劇、小說裡的對象，

恐怕會讓妳身邊不錯的異性全部跑光，

最後只剩妳一人獨守空閨了。

Chapter. 2

來了！

小鹿亂撞的

曖昧期

真正能帶給妳幸福的他，不是滿口甜言蜜語、也不是在妳生日送上昂貴禮物的人，而是即使時間流逝，眼中只有妳、始終如一的那個人。就算他一開始讓妳完全看不上眼，最後卻會成為妳的全部。在愛情裡不能只看一棵樹，妳該看的是整座森林。

最近的男生
不吃「欲擒故縱」
這一套

以前有人在女生之間傳授讓男生感興趣的方法：

「聽說男生會看上先靠近他們的女生。」

「聽說女生要懂得吊人胃口，才會更有魅力。」

「聽說要讓男生覺得妳有點難追，他越急就越容易被妳吸引。」

　　大多很ㄍㄧㄥ的女生都會用「我沒有勇氣」當藉口，包裝她們深藏的自尊心。上面那些傳言引起她們廣大的迴響，後來就有越來越多的女孩子在尋找愛情時漸漸變得被動。

但是過了一段時間之後，這些女生就開始遇到令她們匪夷所思的事情：她們明明懂流行時尚、打扮新潮，資歷也不輸人，身旁卻只圍著一些她們沒有好感男生。真正符合自己理想型的男生，都不會向她們積極地告白。

　　更令她們傻眼的是，自己外表、資歷，各方面條件明明都跟那些積極追求心儀對象的女生差不多，但偏偏都是那些女生常被不錯的男生告白。自己身邊頻頻發生這種事的時候，支持「欲擒故縱派」的女生就會完全無法理解。

　　反倒那些像是戀愛新手的女生，她們根本不懂得怎麼吊男生的胃口，也不知道怎麼在男生追求時讓他們碰一下軟釘子，但她們每次都能交到很不錯的男朋友。

　　主張要欲擒故縱的女生作戰失敗，最後惱羞成怒、只能在一旁酸言酸語，嘲笑那些春風得意的女生是不懂得矜持的戀愛新手，一定是被男生迷昏了頭才上鉤。

　　不過現實狀況卻正好相反。真正的戀愛新手，並不是那些主動靠近心儀對象的積極女生，而是那些一嚐到甜頭就立刻想吊人胃口的欲擒故縱者。欲擒故縱到底能造成多大影響？其實只要換個立場來想，答案就呼之欲出了。

比方說，妳每天都嘀咕說自己孤單寂寞，不知從哪天開始注意到某個男生，最近跟他走得越來越近。妳們彼此聊過一些私事，也自然而然交換了電話號碼；可是都已經過了一兩個禮拜，對方卻遲遲沒有聯絡妳。

之前見面明明就覺得兩人會有進展，後來卻無消無息，讓妳悶到不行，懷疑這一切都只是自己的錯覺。可是妳又在電視節目或雜誌上看到一些專家名嘴說：「男生不敢隨便聯絡自己真正喜歡的女生。」這時妳又心裡暗爽：「喔～看來那個人是因為害羞而不敢聯絡我啊！」整天臉紅心跳。

然而，現實生活還是沒有任何改變，不管妳找再多藉口來安慰自己，妳的LINE上面，還是沒有跳出任何一則那個男生傳來的訊息。

「本來還想說，如果他沒事傳訊息來跟我哈啦，我就要把握機會好好跟他聊一聊的說……」

「如果他問我吃過飯了沒，我一定可以約到他一起吃晚餐！」

每天一直這樣東想西想，實在是太累人了，所以妳決定要主動出擊，先傳LINE給他，暫且就不顧什麼自尊心了。

「正宇，上次你說要買紀優‧穆索（Guillaume Musso）的新書，你買了嗎？如果不錯看，我也想買來看看～^^」

努力燒腦想了好幾百句台詞之後，妳終於在LINE上面打了這句話，深呼吸後按下ENTER送出。妳心跳快到不行，眼睛一直盯著手機螢幕。就這樣過了一分鐘、五分鐘、十分鐘、三十分鐘、一個小時、兩個小時、四個小時……

那個男生都沒有回覆。妳努力說服自己，他可能有事在忙才會比較晚回訊息。就在妳LINE他的五個小時過後，LINE終於跳出訊息通知！妳開心地把手機拿在手中，點開跟那個男生的聊天室，結果只看到他說：『沒有耶，我還沒買那本書來看。TT』

妳苦等了五個小時，得到的答案居然只有這樣，妳做何感想？等等，讓我們回到一開始，當妳LINE他的時候，妳想得到的答案是什麼呢？

『瑟琪，妳過得好嗎？^^　那本書我已經買了，而且兩天就讀完了～那本書就跟紀優‧穆索的其他書一樣，讀起來很順喔！』

『啊！對了！那妳就不要買書，我可以借妳看。如果妳禮拜五方便的話，我再拿書給妳～』

雖然希望他據實以答，但妳心裡還是暗自希望能得到上面這種回覆，對吧？

　　就算他還沒買書，妳也還是希望他能回答：『瑟琪，妳過得好嗎？我本來打算要買，但我都還沒有時間去逛書店耶～妳有想要買書嗎？要不要禮拜五跟我一起去逛書店？』

　　這種親切的回覆，才是妳真正想要的。

　　如果是得到這種答覆，妳就能開開心心地跟他相約禮拜五見面，然後藉由這個機會拉近兩人的關係了。

　　可是他竟然回答說：『沒有耶，我還沒買那本書來看。TT』

　　什麼嘛！妳盼了五個小時，結果就只等到這句話。

　　接下來，妳會怎麼回他？應該會超級不爽，想立馬封鎖他吧？或是對他的好感盡失，百分之兩百確定他對妳一點興趣都沒有吧？

　　既然妳都已經開始不爽了，我就讓妳再更煩一點。假設那個男生早在兩個小時之前就已經讀了妳的LINE。他看到妳先LINE他，就確定妳對他有意思，然後故意晚回訊息。因為他怕自己要是立刻回妳的LINE，而且語調還很親切的話，妳會以為他是個閒閒沒事做的男生，或是覺得他很輕浮。

怎麼樣？這下子換妳急了吧？妳真的想讓他變成妳的男朋友嗎？妳真的會覺得這個欲擒故縱的男生更有魅力嗎？

妳覺得不會？為什麼覺得不會？妳到現在不是一直堅信這種做法能讓對方心急而加快進展嗎？以前跟妳曖昧的男生問妳：「瑟琪，妳禮拜五晚上要幹嘛？」那時妳明明沒有任何行程，卻還裝忙說：「喔，禮拜五嗎？禮拜五我已經有約了耶……」不是嗎？

- 晚一點才回訊息
- 假裝有很多人約
- 炫耀說有很多人追
- 故作高冷

類似這樣的舉動，是無法令男生坐立難安、激勵他動作加快的，只會讓妳自己更火大而已。要是妳再這樣下去，對方就會斷定妳對他完全沒意思。

好，現在假設妳對兩個男生有好感。第一個男生頻頻用我上面說的方式吊妳胃口，但是第二個男生完全相反，他很親切地回覆妳傳的訊息，要是他回覆得比較慢，還會先跟妳道歉，甚至事先告訴妳原因。假如妳開口約他，他就急著跟妳見面把其他約都推掉。

來，說說看，妳會被誰吸引呢？是第一個男生，還是第二個男

生呢？答案肯定是後者。為什麼？因為他很明確表現出他對妳有好感，也很開心妳對他同樣有好感，而且他會為了增進妳們兩人之間的關係而努力。就連身為男生的我來看，也覺得這種男生就是帥！

所以，從今以後要是妳很幸運遇到不錯的男生對妳示好，就請妳老老實實地表達出妳對他的感覺，千萬不要再為了那該死的自尊心，企圖使出欲擒故縱這種爛招啦！

如果想覓得真愛，畢竟還是要靠真心，而不是靠技術啊！

別上當！
破解新型劈腿

人生在世，一定會遇見各種會讓妳氣到吐血的狗血劇情，我覺得最悲慘的，就是我以為自己這輩子絕對不可能遇到、卻偏偏遇到的事：我竟然被劈！腿！了！我一直深信「被劈腿」這種慘案只會發生在一些不會看人的倒楣乖乖牌身上，算是一種識人不清的代價。但是，當我自己也被劈才發現，事情根本就不是我想的這樣。

我原本對自己充滿自信，在劈腿案發生之後卻瞬間對自己失望、沮喪。我開始回過頭仔細觀察我跟她之間的對話、回想我們的每次見面，也找了幾個好朋友深聊，聽聽他們對於被劈腿、或是被當備胎的經驗，再跟我遭遇的狀況比較。

就這樣過了好幾個禮拜，我終於恍然大悟，原來我對「劈腿」和「備胎」的概念一直有個很大的漏洞。於是，我最後決定把人生中最難堪的回憶寫成這篇文章，跟大家分享我得到的體悟，以及我研究「新型劈腿」後歸納出來的幾個特徵。

希望藉由我的分享，以後再也不要有人覺得「劈腿」和「備胎」是別人的事、跟自己無關，結果最後就像我一樣被人狠狠地從背後捅上一刀，怎麼死的都不知道。

第一個我想告訴大家的是，劈腿男的特徵跟劈腿女完全一模一樣，沒有性別之分。就像男詐欺犯跟女詐欺犯行騙的手法及對象可能會不一樣，但是他們詐欺的本性和目的只有一個：「企圖用騙人讓錢財輕鬆落袋」。

同理可證，劈腿男跟劈腿女的目的也都是基於他們共通的自私本性，就是「先多找幾個備胎，好在我孤單寂寞或閒得發慌時陪我一起玩玩、殺時間。改天要是真的出現一個我想認真交往的對象，再跟這些人說掰掰吧！」

如果妳不希望以後被人劈腿或當成備胎，那麼就先把妳現在了解的「劈腿男情報」忘掉吧！時代在變，詐欺和竊盜的手法都不斷在翻新，劈腿當然也不例外。我們普遍所知道的劈腿，都是社會上

剛開始披露的劈腿慣用手法；但那些手法早就過時，拙劣到立刻就會被拆穿，根本沒有人會上鉤，現在幾乎沒有人在用了。不幸的是，之前沒有人告訴我這個事實，而我也就根據我以前對劈腿和備胎事件的概念來判斷對方，才會誤以為我正在交往的女孩子不會劈腿。

現在就讓我們來了解一下新型劈腿的特徵吧！第一，我們原本以為劈腿的主要特徵，是「劈腿的人不會為了對方花太多時間和金錢」，但現在請馬上把這個舊觀念從妳的腦中洗掉！最近已經沒有女生會傻呼呼地相信，每次見面都不掏一毛錢的男生對自己有好感，也沒人相信每次要約見面就找各種理由推託的男生會對自己有興趣。

不過，既然最近的女生都這麼精、又這麼冰雪聰明，為什麼還是會遇到劈腿渣男呢？因為劈腿男的手法也在持續升級。以前的劈腿男完全不會把錢和時間投資在女生身上，但是最近的劈腿男會投資！會投資！他們真的會投資很多錢和時間來讓妳上鉤！這點實在是太重要了，所以講三遍。請各位看官務必切記啊！

以我的經驗為例，對方投資的就是錢。把我當備胎的那個女生，她在為我花錢時完全不手軟。我們一起吃飯，她會當著我的面或趁我不注意把帳單付了，總是強烈表現出她打算自己買單的意思。如果遇到我生日，或像聖誕節這種特別的日子，她都不會忘記

要幫我準備禮物。這種做法任誰看來，都覺得這個女生肯定對我有好感，妳也這麼認為對吧？

但我之所以會懷疑這個女生可能不是真心的，是因為發現她不太會撥出時間給我。我們幾乎天天都會傳Line，偶爾會聊到「改天一起去這家店吃吃看」、「哪天互揪去那家餐廳吧！」可是每次我真的提出確切日期約她：「那我們就約這禮拜六見好嗎？」她就開始找藉口推託：「嗯……那天我不太方便耶……」

因為她行程實在太滿了，我跟她一個月頂多只能見上一次面。見面的頻率這麼低，讓我心裡很不舒服，所以我後來乾脆就切斷跟她之間的聯絡了。可是每次當她發現我態度變冷淡時，一定會再主動傳訊息問候我，說她跟我聊天很開心，甚至還會說她很想我，讓我好不容易平靜下來的心又起漣漪。

結果過不了多久，她又開始找藉口避不見面，然後我又再次切斷聯絡，再然後她又開始積極示好，軟化我結凍的心，這種循環模式重複了不只兩三次。

這種模式就是新型劈腿，讓人縱使心知肚明卻還是深陷於泥沼之中。因為雖然理智上明明就覺得哪裡怪怪的，但是當對方發動甜蜜攻勢時，又會覺得她的感情好像是真心的。

要從這種新型劈腿的泥沼中順利脫身，方法只有一個，就是相信自己的直覺。不要執著於對方表面上為妳付出的那些舉動，只要專注在自己從對方身上感受到的感情就好。

如果妳想起對方就覺得很舒服、很幸福，那就算他現在並沒有為妳做什麼，妳們之間的關係也應該能穩定維持下去。

反過來說，要是妳一直覺得對方態度不清不楚，就要把他到目前在妳面前的表現、以及物質上的投資統統忘掉，然後暫時抽離自己的感情，往後退一步、保持觀望，直到對方顯露他的真心為止。

我分析完發現：我一心一意希望總有一天能跟那個女生修成正果，結果就這樣浪費了我寶貴的青春，說不定還錯過了另一段美好的緣分。得到這樣的結論之後，我就完全跟那個女的說掰掰了。她可能以為這次也能輕而易舉打開我的心房，又試圖傳一些甜言蜜語，想跟我恢復聯絡，但看我都沒反應，她就不再自討沒趣了。

距離上次傳Line又過了半年，最近她居然再度聯絡我，彷彿我們之間什麼事情都沒發生過的樣子。然後還故技重施，說她很想我、覺得能聯絡上我很開心，還約我哪天一起去吃好吃的。

是怎樣？當初本大爺被騙進她的備胎漁場時，她都沒有好好照顧我這條已經上鉤的魚，現在我都已經游回自由的大海了，還想用

同樣的手法釣我上鉤？

　　她肯定是怎麼找都找不到像我這麼有魅力的優質魚種，才會這樣！雖然她終於放下她的自尊，想來吃回頭草，但是很抱歉，這次不管她用再高級的魚餌都只是白費力氣，我絕對不會再上鉤了。

　　與其待在那個女生的備胎漁場裡，痴痴等她不知何時才會大發慈悲撒一下的愛情飼料，還不如去找一條真心相待的魚作伴，一起自在優游於廣闊的大海中，看遍海底的風景，這樣的關係反倒更有價值。託那女生的福，讓我有了這番真切的體悟。

#新型劈腿 #渣就要勇敢説掰掰

他都已經有女朋友了，
竟然還來找我？

「唉……如果他沒有女朋友多好……」

　　那個男生雖然不是妳夢寐以求的完美天菜，但他長得不錯看、個性也很好，重點是妳們兩個很聊得來。不知道為什麼，妳心裡時不時就會冒出一個念頭：「如果他是我的男朋友就好了。」想和對方發展成正式關係的念頭越來越強烈，無奈的是他已經有女朋友了。妳就這樣被吸入「搶人男友」的小三黑洞中，越陷越深、無法自拔……妳正在為此苦惱嗎？這篇文章就是為妳寫的。

　　這種case可以分成兩類，第一種是妳單方面喜歡那個男生，

就算他已經有女朋友，妳還是選擇視而不見。第二種是妳原本對那男生有些好感，後來知道他有女朋友，雖然覺得可惜卻也只好死心，可是那男生還是會時不時對妳釋放出一些曖昧訊息，搞得妳意亂情迷。

第一種case的解決方法只有一個：趁早死了這條心吧！妳對他越執迷不悟，越會害所有人陷入悲劇中，絕對不可能有快樂結局的。妳到底為什麼非他不可？妳以為只要他知道妳喜歡他，就會拋棄現任女友，投入妳的懷抱嗎？事實上並不會。假如他對妳有意的話，早就採取行動啦！而且也沒道理在他的Instagram上一直貼出他跟女友的親暱合照，閃瞎有追蹤他的妳嘛！

其實我也能理解，在妳身邊就是沒有其他像他這樣的人，只要一想到自己可能再也遇不到這麼好的男生，就讓妳茫然不安。正是這份不安感，使妳越陷越深、無法自拔。

但我要告訴妳，全台灣的單身男子這麼多（還不包括舶來品），請問妳一個不漏的都見過了嗎？難道妳可以精準預測自己未來絕對不會遇見讓妳心動的男生，而且劇情早就設定妳是這齣愛情大戲的最佳女主角，拍到最後一幕才能得到命中注定的他，加上對方還是「現在已經有交往對象的人」？搞得這麼複雜，妳以為是在演什麼狗血鄉土劇嗎？

妳可能還想一哭、二鬧、三上吊地大喊：「即使如此，我還是絕對不會放棄他的！」妳想要這樣嗎？這並不是浪漫，是造孽，是破壞別人幸福的罪孽。所以，我奉勸妳別再介入別人的愛情，趕快另尋真愛吧！只要找到屬於妳的「他」，不管妳想怎麼做，都沒有人會有意見。

　　好，該是時候來介紹一下這篇文的主角（導演幫我打個燈），就是那些：明明有女朋友還到處亂放電的男生。我們也不用遮遮掩掩，打開天窗說亮話吧！「其實妳就是對他有好感」。否則，妳壓根兒不會有這種煩惱出現。

　　這不用想也知道。對方已經有女朋友了，要是他不是妳的菜還對妳放電，妳一定會想一巴掌拍死他，或覺得討厭、只想要快逃，還會覺得跟他交往的那個女生很可憐。但妳現在就是因為對他有好感，才會覺得「他已經有女朋友」並不是妳該放棄的理由，而是需要解決的問題。快醒醒吧！

　　讓我來告訴妳，有哪些條件的女生，會被這種男生當成獵物。這女生必須從來沒見過他的女朋友，或是以後也不可能見到面，這樣才能讓妳盡情展開想像的翅膀，幻想你們之間即將萌芽的戀情。因為妳一次也沒看過對方的女朋友，就會猜想「總覺得他女朋友並沒有比我好」，也因為沒看過他跟女朋友談情說愛的樣子，就會推

測「他們感情一定不好」。

甚至還會開始想：「他可能快跟女朋友分手了，只要讓他收到我的心意，他就會來到我身邊⋯⋯」

我說，妳怎麼會這麼傻呢？OK，就算他們真的快分手好了，那又怎樣？難道妳想跑去跟他說：「你們好像快要分手了，我可以準備當你的女朋友喔！」不管那個男生是快分手也好，或是妳更令他心動也罷，總之妳目前的處境既不是他的女朋友，也不是友達以上、戀人未滿，就只是他的「嘗鮮對象」罷了。不管妳把你們的關係賦予多麼美好的意義，這個現實也絕對不會改變。

而且妳現在只是被愛沖昏頭，關於那男生的事妳頂多也是只知其一、不知其二。好，就算一切都如妳所願，事情進展得很順利，妳成功把他搶過來好了，妳覺得妳跟他能天長地久嗎？

妳聽過「自作自受」這句話吧？從現在起，妳會開始慢慢想約束他、監視他。人家本來跟前女友交往得好好的，被妳積極求愛而追到手，哪天會不會風水輪流轉，變成妳在跟他交往時殺出程咬金，有別的女生跑來誘惑他、圍著他轉呢？妳一定會坐立難安。有一就有二，他既然曾經拋棄過前女友，難保他不會再移情別戀，不是嗎？

我比任何人都更希望，妳能體會到自己有多珍貴。妳每天跟自己相處，可能會一直注意自己的缺點在哪，而妳也很有可能因此失去自信、意志消沉。以為錯過了這個男生就不會再有人喜歡你。

但其實不會有人在意妳的缺點。妳每天看鏡中的自己都覺得很膩，但在別人眼裡可能感覺很新鮮，說妳很有魅力；妳嫌棄自己前不凸後不翹、沒有曲線，但別人可能會羨慕妳的身材穿什麼衣服都好看。

所以，千萬不要為了一個有女朋友的男生，浪費妳珍貴的感情。就算他目前是妳周遭條件最好的男生，也不代表妳非得成為他的第二任女友。假如他是清宮劇裡的皇帝，那麼他的女朋友就像是皇后，而妳算是他的妃子，妳真的想演這齣篡位的宮鬥劇嗎？

如果那個男生真的愛妳，那就叫他去跟女朋友宣布分手，然後正式來到妳身邊吧！

喔不！不要又誤會了。我的意思是，妳不需要直接跑去跟他說這種話。如果那男生選擇了妳，那麼他自己早就該明白下一步要怎麼做。

#這種男生 #千萬 #不要相信

什麼樣的女生
會錯過好男人
才感到後悔？

　　心儀的男生某天開始積極地追求妳，這實在是人生一大樂事。但是，假如喜歡的男生都已經找上門來，自己卻很豬頭地做了蠢事，讓他離開，妳可就再也笑不出來了，只會覺得扼腕，想盡辦法希望他回頭。

　　想必妳也很清楚，導致整件事發生的主謀，就是我們的自尊心在作祟。在他追求妳之前，妳其實是多麼想跟他變得親近，可是當他實際靠近妳的時候，妳卻又把姿態擺得很高。

　　妳可能會大呼冤枉：「我才沒有咧！我都沒有裝作不感興趣，

也沒有半推半就啊！」

妳否認自己是這種case嗎？好，我相信妳。那我們來了解一下，對方沒事為什麼會離開妳呢？現在就讓我來告訴妳，妳既沒有故作冷漠、也沒有欲擒故縱，為什麼那個男生卻突然離妳而去。

錯過自己找上門來的好男人，這些太單純的女生通常都有一個共通點，那就是帶著「我是女生欸」的思考模式來對待男性。什麼叫做「我是女生欸」的思考模式呢？就是搬出自尊心來跟對方保持距離，有點像欲擒故縱或故作冷漠，但不是刻意的，是一種盤據在這些女生內心深處的下意識反應。

「我是女生欸！」有這種思考模式的女生，會把男生的追求視為理所當然。就算是男生，在實際開始追求之前也會苦惱，在腦中演練個好幾十遍。但這些女生卻不太了解這一點，還以為男生只要喜歡，就能輕而易舉地展開追求。

結果會變成怎樣呢？她們只會一味接受男生的追求。對方傳Line就老老實實地回訊息，對方揪吃飯就接受，對方揪看電影就出門去買爆米花跟飲料，對方送項鍊就說：「謝謝！好意外喔～」我現在並不是在說這些舉動不對，至少跟半推半就或漠不關心相比，這樣的反應還是好上許多。

可是換個立場來想想：有個男生很吸引妳，妳觀察了一段時間後，覺得那個男生似乎也對妳有意思。有一天，妳終於鼓起勇氣主動積極地靠近他，他看起來並不覺得討厭妳，卻又不像是喜歡妳，真的好奇怪！

雖然妳Line他的時候，他都會據實以告，但他都不會主動先Line妳。雖然妳約他吃飯，他都會開心地接受，但他卻不會主動約妳吃飯。雖然妳邀他看電影，他都會爽快地答應，還會去幫忙買爆米花跟飲料，但是他從來不曾主動說想跟妳一起看電影。雖然當妳送他禮物時，他都表現得很開心，說他真的很謝謝妳，但他卻連一個小小的禮物都不曾送給妳。

好，說到這裡，現在妳有稍微搞懂狀況了嗎？站在我所列出的這些立場上思考，妳的心情如何呢？這樣還會想跟他有進一步的發展嗎？還會有意願要再約他吃吃飯、看看電影嗎？這就是所謂的「我是女生欸」這種思考模式衍生出來的問題。

「我是女生欸！只要他約我做什麼，我就做什麼，這樣他應該會知道我也對他有意思吧？」他之所以會離妳而去，就是妳這種思考模式害的。

這算什麼啊？妳又不是高高在上的公主，他實在沒道理要一直

單方面地追求妳。難道妳是王宮貴族，他是賤民乞丐嗎？是要他在妳面前跪下來獻上一朵玫瑰花，妳則戴上蕾絲手套，將小指翹得高高的、傲慢地接下那朵花嗎？

清醒過來，回到現實吧！如果妳以為接受他的提議，跟他一起去做他邀妳做的事，就能充分表達妳的心意的話，以後妳的愛情還是會難以萌芽的。除非他是真的對妳死心塌地，已經準備好要為妳付出一切，否則哪個男生會只滿足於自己單方面的付出呢？

妳那樣的舉動，正好會讓妳被貼上「劈腿女」的標籤。只在男生聯絡的時候才跟他聯絡，只在男生約吃飯的時候才跟他吃飯，只在男生邀看電影的時候才跟他去看電影，只負責接受禮物而不曾有回禮的打算。光看這些描述，不覺得跟「新型劈腿」很像嗎？

如果妳喜歡他，那妳也主動一點吧！可以跟他提議一起去吃好吃的，說想要跟他一起做些什麼，偶爾也送個禮物給他，讓他驚喜一下。這樣才是面對心儀對象該有的態度，不是嗎？光是答應他的邀約、接受他的付出，還認為：「他應該也感覺得到我喜歡他吧？」這種態度真的還滿自私的。

「喂！我要是討厭那個男生，還會跟他一起去吃飯嗎？」

「拜託！我要是討厭那個男生，還會單獨跟他去看電影嗎？」

所以呢？是要男生根據妳的反應，自己看出妳那崇高的心意嗎？還是因為妳已經透過跟他一起做些什麼，充分表示出妳對他的關心與好感，所以他現在應該要準備羅曼蒂克的告白嗎？

假如妳真的喜歡他，那妳也要展現出積極的樣子啊！不要光是等人家來揪，由妳主動約他見面、安排約會吧！要不然，對方絕對不會曉得妳的心意的。

「這樣我可能也會受傷欸！我是為了確認那個人對我是不是真心的，才會一直觀察他。好啦！以後我也會積極接近他的。」

所以我才說「我是女生欸」這種思考模式是錯的。為什麼只有男生需要證明他對妳的真心？為什麼人家就應該要先讓妳確認心意，而妳還要等到確認之後才要表露妳的真心？難道這是什麼面試嗎？那等他通過第一階段之後，是不是還會有第二階段面試呢？

愛情是雙向的。他應該要證明他對妳的真心，妳也應該要證明妳對他的真心才對。

女生擺出高姿態來審查男生的心意，這種思考模式真的會阻礙戀情的發展。很多女生都在哀怨說，自己明明什麼錯都沒有，原本頻頻對她們示好的男生卻在某一天突然離她們而去。

愛情是雙向的。

彼此都應該要向對方

證明自己的真心才對。

我的建議是，找個安靜且不受任何干擾的空間，好好坐下來回想一下過去發生的種種事情吧！看看自己是不是跟這篇文章提到的女生一樣，光是接受男生示好、光是接受男生邀約，還以為自己該做的都做了，然後心安理得地等著男生採取下一步行動？

那麼從現在起，請修正心態，以後要是遇到好的對象，一定要積極主動的表達妳的關心和好感。

雖然男生會將女生的拒絕當成拒絕沒錯，但是男生也可能會將女生的沉默視為拒絕。

曖昧期要多久
才剛好？

　　關於這個問題的答案眾說紛紜，有人說曖昧期越早結束越好，有人說曖昧期是了解對方的好機會，所以越久越好。而我有個朋友覺得曖昧期是在試探對方的心，乾脆不要這樣比較好。

　　先就此打住，我怕妳會對我失望，所以還是先招供好了：我並沒有打算在這篇文章裡告訴妳的曖昧期應該要有多長。

　　現在妳是不是火冒三丈，覺得我故意下假標題騙妳上鉤？我先問問，假如我在這裡回答說，適當的曖昧期是一個月，妳真的會在一個月之後就不再跟那個男生聯絡嗎？要是一個月後，妳強烈覺得

你們之間就快要有進一步發展了怎麼辦？

　　我反而希望妳不要太執著於曖昧期的長短，因為每一對曖昧男女的狀況都不一樣。有的每天都能見面、有的一個禮拜只能見一次面，所以也沒辦法訂下統一標準：「要是對方兩個禮拜內、一個月或兩個月內沒有跟妳提出正式交往，就直接跟他斷了往來！」我可不想成為扼殺妳愛情的兇手。

　　當妳跟他還處在曖昧階段的時候，與其計較「時間長短」這種不太有意義的指標，有一件事更重要。

　　有個簡單的方法，可以先判斷這段曖昧關係最後是會發展成戀愛關係，還是會無疾而終？當然，不是所有case都一定要照著套用，但至少我用這個方法結束過一段曖昧關係，也曾經因此順利發展到下一步的戀愛關係。

　　方法就是不要把重點放在曖昧的期間（period），而是要把重點放在曖昧的進展（progress）。

　　有些曖昧中的男女會認為，隨著見面次數的增加，彼此的關係也會日益進展。他們覺得不管是每天見面、一個禮拜見一次面，還是一個月見一次面，只要繼續跟對方見面，彼此就會順利發展成戀愛關係。

但有些曖昧男女卻恰好相反，他們見面的次數越來越頻繁，曖昧期也很久了，但彼此的關係還是卡在某個程度，一直停滯不前。按照這樣的進度，妳是要繼續維持曖昧關係？還是要果斷了結？是到了該下決定的時候了。

講到這裡，一定會有讀者想問我：「我明明就覺得曖昧關係該突破了，但是男生遲遲不告白，這是什麼狀況？」

換我反問妳：「妳明明感覺到兩個人的關係正在進展，為什麼不去跟那男生告白呢？」

面對愛情時，男生會有千百種樣貌。有的男生會顯得小心翼翼，有的男生則是看得很開。有的男生只要感覺到女方好像對自己有意思，彼此見面在一天之內就會告白，但有的男生即使覺得兩人的關係進展得很順利，還是會隱藏自己的心意，直到他真的確認女方也是喜歡自己的，才會說出口。

女生不也是這樣嗎？假如妳強烈感覺到你們關係進展順利，就不要因為曖昧期比妳想的還長，就輕易放開他。還有，如果妳不想再曖昧下去、希望進一步戀愛的話，就要積極表達出妳對他的好感。真的希望兩人關係能開花結果的話，由妳先主動告白也不失為一個好方法。

曖昧關係毫無進展，就是其中一方尚未打開心門的有力證據，導致兩人的戀情在尚未抵達「戀愛」的目的地之前，就已經難逃破滅的命運。

不過，就算兩人關係進展得很明顯，要是因為顧及自尊而不願給對方更明確的表示、一拖再拖，這樣總有一天會沒戲唱。這點必須要留意才行。

如果妳覺得曖昧關係有所突破的話，就抓住機會跟對方表達妳的心意，加快進度吧！要是妳不想經歷這過程，這段半生不熟的關係也會跟之前一樣不了了之、煙消雲散的。

男追女的時候，
會故意使出假動作
讓人混淆？

在進入正題之前，我們先來聽個故事吧！鄭尚浩非常希望能進入某間公司上班，恰好畢業季後出現轉職潮，令他夢寐以求的那間公司也開始徵才，於是尚浩就把自己精心製作的履歷表寄過去，每天倒數著公布第一階段合格名單的日子。

好不容易等到合格名單公布的當天，那間公司卻完全沒有聯絡他。為了釐清原因，尚浩親自去了那間公司一趟。他在公司大廳裡一路問，終於問到人事處的地點，趁著面試空檔，他深吸了口氣之後便走進人事處。

坐在位子上整理徵才文件的人事主任看到尚浩便開口說：「您好，請問有什麼事嗎？」

『啊，您好！我叫鄭尚浩，之前有應徵貴公司的工作。今天是第一階段合格名單的公布日，可是我沒有收到任何通知，所以親自過來了解一下。』

「這樣啊？」

人事主任表情微妙，從黃色資料夾裡抽出了尚浩的履歷表。

「是這樣的，鄭尚浩先生……感謝您應徵敝公司的工作，不過比起領導力強的人才，這次我們更想找配合度高的人。」

說完後，主任對尚浩露出一個尷尬又不失禮貌的微笑。

在這種情況下，尚浩該怎麼做呢？應該說，一般人會怎麼做呢？通常會回答：「我知道了。」然後默默離開，重新準備應徵其他間公司吧？可是尚浩卻做了一個出人意料的舉動。

回到家的尚浩開始準備面試，不是別間公司，正是他不久前才剛登門拜訪過的那間！他針對那間公司做了全面的調查，也混入第一階段合格者的聚會裡，跟他們一起參加模擬面試。

聽完這個故事，妳有何感想？妳可能會想：「天啊！這個人該不會有幻想症吧？」或是：「他怎麼這麼固執，是想證明自己很想進那間公司嗎？」我也很好奇，就直接問他本人為什麼他聽了人事主任那樣說，還不放棄？他的回答也是一絕！他說：「我覺得，沒有一間公司會不喜歡領導力強的人。當時那位主任會那樣說，不是因為我書面資料沒過，是要我去面試會場證明我的領導力。」

＠＠……這個解釋有點瞎！任誰聽到那番話，都會知道對方的OS是：「很抱歉，您沒有通過書面審核。」但尚浩卻否認，也真的相信不是那樣。

講到這裡，或許妳也跟我一樣覺得尚浩病得不輕。但是，我們也很有可能會在無意識中做出那種舉動，尤其，是在我們遇見心儀對象的時候。

例如，有個很瘦的女生，瘦到網購時只要下訂模特兒穿的尺寸，到貨後實際穿上也像是為她量身訂做一樣。朋友都很羨慕她纖細的身材，以前跟她交往過的男生也異口同聲稱讚：「妳很瘦，真的穿什麼都好看！」

最近她剛好遇到了一個令她心動的男生，是在多益讀書會認識的，對方溫文儒雅的談吐、還有自然流露的紳士風範，都深深吸引

著她。

有天讀書會的主辦人，在休息時間聊起戀愛話題。大家紛紛說出自己的戀愛經驗，或是提到自己的理想型。輪到那男生發言時，女生開始坐立不安。

男生看著在場的大家，不好意思地說：「我之前在澳洲念語言學校交了一個女朋友，交往了兩年，可是前一陣子分手了，目前單身中。如果大家身旁有不錯的朋友，請幫忙介紹一下。」

讀書會主辦人接著問他：「你喜歡哪一類型的人？」

「老實說，我沒有很具體的理想型，也不是非要哪一種人不可。只要身材豐滿、性感又可愛就好。」說完這句話，他立刻滿臉通紅地一把抓起面前的水杯，咕嚕咕嚕地大口喝水。

好，假設妳是那個女生，首先妳心情應該會頗糟的，因為他當著妳的面，拜託讀書會成員介紹女生給他。這不就暗示：「我沒有把現場的女生當作可能的對象」嗎？而且他還在瘦瘦的妳面前說：「只要身材豐滿，性感又可愛就好。」就更擺明：「我真的沒有把妳當對象！」

我們來整理一下那個男生的話中話：「我現在沒有女朋友、滿

孤單的，但這個讀書會裡沒有我想交往的女生。所以大家身旁有不錯的人，請介紹給我吧！」

以妳的立場聽完這些話，應該覺得有點傷心，覺得心裡被那個男生戳了一刀吧？

可是，身為當事人的她卻不是這樣想，她聽到男生拜託大家幫忙介紹對象，就堅信他是在暗示「自己目前單身」；聽到他說喜歡豐腴性感又可愛的類型，就覺得每個男生對性感標準不一樣，不想把自己排除在他的女友候補名單之外。而且她一直相信自己很「可愛」，所以他說的「性感又可愛」應該也有把她考量在內。

她這樣，跟尚浩有什麼差別？事實擺在眼前。到底為什麼堅信人事主任和那個讀書會男生，是故意隱瞞心意、話中有話呢？那樣說反話對他們一點好處也沒有，只是浪費時間、造成誤會罷了。

難道人事主任是真的想錄用尚浩，又想測試他會不會輕言放棄，才故意那樣說嗎？要是尚浩真的放棄，人事主任該怎麼辦？到時再去留人嗎？

還有，難道那個讀書會男生真的會在喜歡的人面前，拜託大家介紹女朋友、暗示他沒有交往對象，還在瘦瘦的心儀對象面前，大喇喇表示他喜歡豐腴性感的人？

他們又不是在參加「話中有話比賽」，所以拜託，既然人家說「No」，就真的當成「No」吧！哪個男生會在自己喜歡的女孩子面前拜託大家介紹女生，還故意說自己的理想型跟自己喜歡的人正好相反？

　　男生在自己喜歡的女生面前，是不會故意做出假動作讓人混淆的。雖然這機率相當低，但假如他明明喜歡妳，還故意說那種話引人誤會，那他也實在太瞎了。妳要是真的跟他交往，以後一定還會再出現更令人傻眼的事，建議妳還是早點對他死心比較好。

　　旁觀者站在同樣的立場上，一聽到那男生說的話，立馬就能判斷出「他沒有喜歡那個女生」。為什麼明明聽到同樣的內容，女生卻做出完全相反的結論呢？

　　這正是「移情作用」造成的差異。旁人可以根據妳喜歡那男生的事實，客觀分析整個狀況；但女生會摻入感情來看這件事。也就是說，對一個人的好感會麻痺我們腦中負責邏輯思考的領域，才會導致我們容易做出錯誤的結論。

　　所以，往後別再一廂情願解讀對方的話了，對方怎麼說，我們就怎麼聽吧！這樣我們才不會活得那麼累，也才能把躲在內心深處失去理性的小人甩得遠遠的。

小心，
這種男生容易
喜新厭舊

<讀者的來信>

　　前一陣子，我跟某個男生走得很近，維持著若有似無的感情。而在最近，這一段微妙的曖昧期終於結束，我成了他的女朋友。我再也不用隱瞞我的感情，可以天天對他表達我的愛意；他也很愛我，堪稱這世界上第一名的深情男友，我每天都過得很開心。

　　可是，幸福的熱戀期才持續不到兩個月，我跟他之間就出現了意想不到的危機。我男朋友突然像是變了一個人，他不再像一開始追我的時候，或剛開始交往時那樣深情又熱情。反而對我漠不關

心，甚至還懶得跟我聯絡，總是跟哥兒們混在一起。

我不是毫無經驗的戀愛新手，我知道所有情侶都會遇到倦怠期，也知道交往久了，對方態度可能會一百八十度大轉變。可是我們才開始交往一個多月，就已經發生這種狀況，未免太早了吧？！他都不來找我，一直去跟朋友喝酒，而且他明明放假，卻拖好幾個小時才回我訊息。我真的不懂他到底在想什麼？我該怎麼處理這段關係才好呢？

收到妳的信件了，我很能埋解妳的立場和想法。明明是對方喜歡而來追求自己，卻在開始交往沒多久，態度就一百八十度大轉變，任何人遇到這種情況都會受到很大的打擊。這等於是在愛情都來不及好好起步前就厭倦了。

這種時候，我只有一種建議：結束這段關係吧！立刻頭也不回地離開他。

這個世界上，有各種讓人著迷、上癮的東西，有人沉迷於賭博，有人染上酒癮、毒癮……。還有一種癮，嚴重程度並不亞於這些，大家卻不太知道，那就是「曖昧癮」。

就像其他癮一樣，「曖昧癮」現象也不分男女老少，任何人都可能發生。這種癮的主要症狀，就是會不斷尋求曖昧期的悸動和刺

激感。

如果說沉迷賭博會讓人失去錢、染上酒癮和毒癮會讓人失去健康，那曖昧癮就是會讓人失去「經營長久關係的能力」。而且曖昧癮對他人造成的精神傷害，和其他癮不相上下。跟染上曖昧癮的男生談戀愛，交往不了多久，他就會對妳感到厭煩。

因為他覺得跟妳之間已經夠了，也就是說，他沒辦法再從妳身上感受到那種猜不透心思的忐忑，以及誘惑還沒追到手的女人時那股刺激感。這種心態就是：「魚上鉤了就不用再餵飼料了」。

不過，並不是所有男生都會出現這種症狀。我們身旁也很多深情男子，在這世界上只愛著一個人，怎麼看都看不膩。如果妳問我什麼樣的男人才是好男人，我會說：「真正的好男人，並不是長得帥的男人、不是事業有成的男人，也不是有錢的男人，而是真心愛妳的男人。」

當妳深陷於某個男人的魅力時，下一步該要了解的，不是他的資歷背景，而是他是否真誠。一個什麼都擁有、卻缺乏真心的男人，只會在妳的人生中造成無法抹滅的巨大傷害而已。

有什麼方法可以看出這種喜新厭舊、毫無真心可言的男生呢？接下來我會列出幾個特徵，讓我們能分辨出這種純粹對曖昧上癮、

容易感到膩的男生。

染上曖昧癮的第一個特徵：他在意的並不是妳這個「人」，而是跟妳之間的「關係」。

所以妳需要確認他關心的是妳，還是妳們的曖昧關係？曖昧上癮男的終極目的只是把女生追到手，而不是想好好經營一段感情，所以他們只會跟妳搞曖昧，不會想知道跟妳在一起有沒有未來。

舉例來說，一個真正喜歡妳的男生，會很好奇妳的日常生活，妳說最近過得有點累，他會默默傾聽並試著安慰妳。

但曖昧上癮的人不太會關心妳遇到什麼困難或煩惱，只會想辦法跟妳敲定下次的約會時間，還有約會要安排哪些行程才能擄獲妳的芳心。只要妳跟他的談話偏離了讓他覺得刺激的方向，他就會趕快把話題轉回來，因為他希望妳能帶給他刺激感。

這種男生眼裡看不見妳的辛苦、困惑、人生問題，只顧著追求自己的滿足。如果想避開曖昧上癮男，就一定要釐清他關注的重點才行。

染上曖昧癮的第二個特徵：常跟其他女生喝酒。我不是指推不掉的公司聚餐，而是他常參加那種可以不用參加的應酬，或主動邀

染上曖昧癮的男生，

他在意的並不是「妳」，而是跟妳之間的「關係」。

因為他的目的只是要把妳追到手，

而不是要好好愛妳。

一些女孩子一起喝酒。如果有這種情況，這男生就極有可能是曖昧上癮。

妳可能會問：「這不是要等開始交往才知道嗎？」但其實交往前就有充分線索可以確認了。曖昧上癮的人，通常不會只跟一個女生搞曖昧，他會同時跟好幾個女生保留進一步發展的空間、維持曖昧關係，因為他想跟不同的女生、在不同的時間點、以不同的方式得到悸動和刺激感。

他會一邊跟妳營造曖昧氛圍，一邊參加各種飯局以尋求新的「刺激供應者」。如果他常跟別人吃飯喝酒，就很值得懷疑了。當然，他可能會繞圈子騙妳說他不是去喝酒，而是有事情要忙，這時就需要發揮我們的機智了。

假如他說跟朋友有約，或是跟認識的學長、學弟有約，今天晚上很難接電話，妳就說妳等不到他晚上會擔心到失眠，或要他到家時打個電話給妳。要是他每次都找些很奇怪的藉口，推託說不方便打給妳，那肯定不是跟男生見面，而是去赴女生的約。

還有一個方法，改天他跟妳說晚上有約，妳就爽快地讓他去，然後再打電話突襲。要是他口氣聽起來很慌張，或是電話另一頭傳來其他人的嬉鬧聲，就有非常高的機率是瞞著妳跑去喝酒，而且不

是單純喝酒，是跟其他女生喝。

　　想戒掉曖昧癮，就跟戒賭、戒酒一樣難。妳可能會覺得只要多努力一點，就能改變他。但俗話說得好：「不到黃河心不死，不見棺材不掉淚。」除非他自己得到刻骨銘心的教訓有所體悟，否則人是不會輕易改變的。以後妳不小心跟這樣的男生有曖昧關係，與其試圖讓他改變，倒不如聰明一點，快刀斬亂麻。

　　一個真心想讓妳幸福的男生，不一定要會甜言蜜語，也不一定要常送禮物給妳驚喜，只要他經得起歲月考驗，無論多久他眼中都只有妳一人。或許他一開始看起來沒那麼顯眼，但是到最後，他將會成為妳的全部。

　　結論就是：談戀愛時不要只看一棵樹，要看得到整座森林。

#曖昧上癮

被愛才幸福？
我沒那麼喜歡他，
還要跟他交往嗎？

冷掉的泡麵，跟消了氣的可樂，兩者的共通點是什麼？就是會讓人猶豫到底是要吃還是不吃。如果是我的話，只要可樂消了氣、泡麵冷掉了，我會乾脆丟掉。但有些人完全不介意泡麵冷掉，照樣吃得津津有味，就算可樂沒了氣泡變成糖水，他們還是照喝不誤。

換成戀愛方面的話又會怎麼樣呢？有的人堅持只跟喜歡的人交往，有的人正好相反，就算對方沒那麼令他心動，還是會因為對方很喜歡自己而開始交往。哪一種作法才對呢？應該是喜歡他才跟他交往，還是要選擇真心喜歡我的人？關於這個問題，可以從西元前5世紀的哲學家——蘇格拉底的名言中找到答案。

「認識你自己。（Know yourself.）」

這句話講得對極了！「認識自己」就是這個問題的正解。有的人企圖心強，想做的事一定要達成、想有的東西一定會想盡辦法弄到手，換句話說就是主導性很強。這種人會覺得要跟自己真正喜歡的人談戀愛，對他們來說，「跟自己喜歡的人談戀愛」也是一種成就。要是在猶豫的狀況下交往，他們很快就會覺得無趣，一直注意其他符合自己標準的異性，就算已經有交往對象，還是會保留一點空間給其他異性。

假如妳是這種傾向的女生，建議妳一定要多花點耐心和時間，等找到真正中意的人再談戀愛。絕對不能因為現在覺得孤單、或對方對妳好，就心懷感激地跟他交往。

否則過不了多久，妳就會深深傷害到對方，遠比妳直接拒絕他更殘忍。

有些人喜歡走安全路線，比起談一場轟轟烈烈的戀愛，更嚮往細水長流的愛情。與其無法確定愛情是否能開花結果，他們覺得每天感受日常的幸福更有意義。對於這樣的人，雖然現在沒有非常喜歡對方、或是還沒有心動的感覺，但只要對方符合自己心中可接受的標準，也確定他人品不錯，就會開始經營這段感情。與企圖心強

的目標取向型不同，安穩型會重視和對方往後的發展，在未來慢慢培養愛意。

　　至於哪種比較好呢？其實沒有比較的必要，雖然目標取向型跟不喜歡的人交往很快就會膩，容易將目光轉到其他異性身上，但他們也有浪漫的一面，只要遇到喜歡的人，可以為對方赴湯蹈火、甚至連命都可以不要。安穩型恰恰相反，他們跟不怎麼喜歡的異性交往不會一下子失去新鮮感，但遇到自己喜歡的人也會顯得沒那麼熱情，也可能會在交往初期讓對方覺得失落。

　　啊，等一下！我怕妳又跑去把這番言論當成標準，到處勸朋友分手。

　　妳朋友是目標取向型沒錯，但她跟愛慕她的追求者交往時完全沒問題，而且對目前的關係很滿意。妳就不要隨意插手別人的感情世界了。

　　為了避免妳惹怒別人，我還是要先聲明，別太過依賴這些分析，因為在兩性關係中存在太多種可能性。

　　雖然妳自認為是目標取向型，但如果妳正好遇到一個還沒讓妳心動、又覺得錯過可惜的男生，想試著交往的話就交往吧！誰知道會怎麼樣呢？說不定妳非但沒有很快覺得膩，反而還越來越喜歡對

方呢！

不過，有一點需要注意！妳不會因為在YouTube上看到有人養一隻狼當寵物，就想學他也去森林裡抓一隻狼回家，對吧？每個人都有自己獨有的潛在特質和本能，感情的故事也都不一樣，千萬不要一味模仿別人的愛情歷程。

假如那隻硬被妳從森林帶回家的狼跟YouTube上的一樣乖，那還算幸運。否則，不只妳會受到極大的傷害，連周圍的人都會跟著遭殃。

#話雖如此 #我還是好想 #學小王子 #養一隻狐狸

差點交往卻錯過機會，
我跟他之間
還有可能嗎？

<讀者的來信>

　　每次回想起來都覺得可惜，本來我跟他的感情真的很好，不知道從什麼時候開始變了。當初我一氣之下跟他斷絕聯絡，但過了一段時間之後我後悔了，還是覺得我們不能這樣輕易分開。而且我們又不是吵架，只是彼此自尊心都太強了，才會不知不覺漸行漸遠。如果我認輸、主動跟他聯絡的話，可以恢復之前的關係吧？

　　我也不懂當時我是怎麼了？其實他那次已經先鼓起勇氣開口跟我說話了，而且他平常都很細心地照顧我……跟他關係最靠近的時

候，我覺得這個人怎麼這麼有魅力？現在我真的好想他，好想回到當初跟他彼此喜歡的時候！

假如一切能重來，我絕對不會再犯一樣的錯誤。我會放下自尊先跟他聯絡，跟他在一起也絕對不會再聯絡其他男生、不會再故意當著他的面跟其他男生傳訊息，也不會再幼稚地暗示他：「除了你之外，我認識的男生可多了。要是你惹到我，我大可以把你換掉找別人！」

還有他對我示好的話，我絕對不會假裝聽不懂，還嘴硬說：「你這樣怎麼算是告白？要告白就好好說嘛！」

看來，妳已經自己體會了不少！當然，我並不是說那個男生就做得很好，但罪魁禍首的確是我們的自尊心，扼殺了兩人的情愫。不過，想跟他恢復之前的關係恐怕不容易，就跟想說服一個無意錄用妳的面試官改變心意一樣難。

當然不是完全沒有復合的可能性。假如妳是某公司要找的人才，只是當初面試開的薪水太高，讓面試官沒把妳列入考慮，而妳並不是為了追求高薪，純粹就是想在那裡工作，那只要妳清楚表明立場，面試官或許會改變心意。雖然這種情況並不常見，但的確還是有的。

不過我倒比較擔心，跟他重修舊好後，難保妳不會因為自尊重蹈覆轍。

妳可能會說：「難道我是笨蛋嗎？我才不會那樣！」

我知道妳不是笨蛋，但這次狀況有點不一樣，我才會這麼說。

以前，妳跟他彼此喜歡時是平起平坐，他想跟妳更進一步交往，妳也希望兩人有進展。但現在他已經心灰意冷，加上妳們已經有一陣子不相往來，不可能再像從前那樣在同等的位置上培養感情。假如妳真的希望能重修舊好，這次換妳要主動靠近他。

如果用談生意的說法來講，就是「我們沒有了協商的籌碼」，這次妳必須放下身段、以退為進。再回到企業面試的例子，假如當初應徵者提出了合理的薪水，想必公司也會因為需要他這個人才而錄用他。但當初開的薪水太高、跟資歷不成正比，才會讓面試官興趣缺缺。現在他需要去說服面試官，說自己重視的是工作本身，薪水只是其次。

面試官最後還是可能錄用他，但因為狀況變了，應徵者就必須有所覺悟，知道這次面試官提的薪水可能比原先願意給的更低。如果妳希望挽回他的心、兩人重新開始，那妳就要做好心理準備，把妳的自尊放下。

妳非常希望跟他重修舊好，卻又覺得女生不該輕易放下自尊嗎？這樣絕對不行！對方已經沒有理由像以前那樣顧及妳的自尊，他心裡也可能沒有妳了。想恢復關係的人是妳，也就是說，現在覺得可惜的是妳，不是他！所以說，真的要在每個當下好好處理，才不會把自己搞得很尷尬。

　　機會就像鳥兒一樣，握不好就會飛走。假如妳想重新抓住那隻揮動翅膀、主動飛到妳身邊向妳撒嬌的機會之鳥，那麼原先被動的妳，這次就要用牠喜歡的毛毛蟲，使出渾身解數吸引牠才行。

　　我知道之前的那隻鳥擁有美麗羽毛、還有悅耳的啼叫聲，但牠已經飛走了，這是不爭的事實。現在與其想把它抓回來，不如為了下次悄悄飛來停在妳身邊的鳥兒，省下可口的綠色毛毛蟲。這是我個人想給妳的建議。

　　不過，這次可千萬別再跟牠玩那種無聊的「欲擒故縱」囉！

Chapter. 3

好想知道！　　　　　　　　　　　　　「他」到底

在想什麼

真正想要的，往往得來不易。

打破盤據在妳內心深處的恐懼，相信妳自己吧！

如果妳認為自己是個魅力四射的女生，那麼在他眼中也是如此，

好男人一定認得出好女人。

女生主動聯絡男生，
他會猜到
我喜歡他嗎？

<讀者的來信>

太幸運了，我終於得到「他」的聯絡方式！但我還是不敢主動聯絡他，我怕我先聯絡，就會被他猜到我喜歡他。可是要等他先聯絡，又不知道要等到何年何月，而且會聯絡我的都不是我的菜。

好擔心再這樣下去他就忘了我，想隨便找個理由先傳訊息再說，但訊息打了又刪、刪了又打好幾十次，每次我還是拉不下臉主動聯絡，最後會不會不了了之？

如果妳想知道男生怎麼看待主動聯絡的女生，就要先思考妳們目前的關係。第一種是妳們已經很熟、或相處起來沒什麼負擔，這種情況下通常他不太會過度解讀。只要內容不要太奇怪，基本上就算常聯絡，他也完全不會誤會。

第二種是工作上認識的人，就是因為工作需要才取得對方的聯絡方式。這時候就算女生先聯絡，男生也不會想太多，如果都是提到工作，他就更不會起疑心了。

其實這種關係最容易進展成情侶，因為可以藉工作之便常聯絡、開點玩笑，或說剛好有空約他吃飯。妳應該也聽說過跟客戶看對眼，後來就牽手步入婚姻的案例吧！其實，這種占了大部分。總之，女生因公事主動聯絡，不太會讓男生誤會。

第三種是對方朋友介紹你們認識的。如果妳是在這種情況下主動聯絡，他就滿有可能會猜到妳喜歡他。因為一開始就是以異性的角度認識，所以收到妳主動傳的訊息時，他最起碼也會認為妳是想更了解他才問的。

不過我想先問妳，難道相親之後無論女方再怎麼喜歡對方，也不能先Line他嗎？因為怕他猜到就不敢傳訊息嗎？這就看妳囉！妳要知道，最近相親的介紹人如果知道妳跟對方見面後，連一次都

沒有主動聯絡，幾乎就不會再介紹同一個男生了。再加上，以前相親後主動約女生再見面的男生，常常會收到這樣的回應：「我們好像不太適合。」才讓大多數男生變得這麼被動。

比起努力追求對自己沒興趣的女生，最近的男生更想把時間和錢投資在對自己有好感的女生身上。

最後一種情況，妳們不是朋友、不是工作上認識的人，也不是相親認識的，真的是完全沒有任何關係的人，但妳還是很想要主動聯絡他。

「他是我朋友的朋友嘛！」

「他是讀書會的朋友嘛！」

SO？朋友的朋友就可以立刻攀得上關係嗎？一起參加讀書會就可以算熟到發展一段感情嗎？妳知道妳現在在說什麼嗎？實際上妳跟他並沒有熟到那種程度。

他是妳朋友的朋友，並不是妳的朋友好嗎？他是讀書會的同學，又不是一對一家教老師！妳用這種身分先聯絡他，本來就會讓他懷疑。不管妳找什麼藉口，他都會知道妳動機不單純。

我們來換位思考一下，難道妳不會那樣想嗎？只有幾面之緣的

同班男生，某天突然傳訊息問妳：「志友妳好^^～我想找一些心理學資料，想問妳知不知道要去哪個網站查呢？上次教授好像有講，但我想不起來了……」

妳想想！收到這種訊息，妳一定會覺得：「班上有這麼多人，為什麼偏偏要問我？」然後懷疑他的目的。

事實擺在眼前，那妳接下來該怎麼做呢？妳要因為怕他猜到妳對他有意思，就繼續等他聯絡、等到天荒地老嗎？還是要為了靠近他而放下自尊、厚著臉皮聯絡看看呢？答案就在妳心裡。

先問問妳自己為什麼會想聯絡他吧！妳明明一點都不了解他，但冒著會被他猜到的危險，還是想先聯絡他，那答案其實很明顯了。妳要不是生活中幾乎很難見上他一面，再不然就是遇到他也沒勇氣表達，所以即使是躲在螢幕後，妳也想更靠近他。

總之，如果想跟他有更進一步發展，就必須表達出妳的心意才行。不可能妳什麼都不做，他還能讀到妳的心思，跟妳告白說：「我知道妳的心意，我也跟妳一樣。我們交往吧！」

我想說的是，就算妳只是想跟他搞曖昧，不論妳是直接表示還是拐個彎，總有一天一定要表達的。

如果妳真的喜歡他，不管會不會被猜到，妳還是要試著主動聯絡，之後才不會後悔。不會有男生因為妳主動聯絡，就輕易斷定妳被他深深吸引。萬一有男生擺出高姿態、一副吃定妳的樣子跟妳說話，就表示妳們不適合，說不定妳多見幾次面後就會想把他甩開，所以不用太在意。

但如果對方是個正常的男生，平常就覺得妳還不錯，那麼他收到妳訊息後就會開始注意妳，也會想在妳面前好好表現。這麼一來就能逆轉局勢，換成他主動聯絡妳了。

妳願意相信這一切，都是從妳小小的勇氣開始的嗎？又不是要拜託他什麼，也還沒有要告白，只是想讓兩條平行線開始有一絲交集而已。這樣想，妳就能更有勇氣。

千萬不要以為不鼓起勇氣，就能得到妳想要的東西。兩性關係沒有其他捷徑，為了妳心儀的男生鼓起勇氣吧！當妳比別人更常打扮自己，大家就會感受到妳的魅力。之前也有男生覺得妳很不錯而追求妳吧？

不過在喜歡的男生面前，有時候也需要換我們鼓起勇氣、盡最大的努力。世上萬事都是如此，真正想要的，往往都得來不易。打破盤據在妳內心深處的恐懼，踏出第一步吧！

妳擔心他會因為妳主動聯絡而覺得妳很輕浮、擔心妳的訊息讓他感到負擔嗎？不要被還沒發生的事擊垮，完全相信妳自己吧！如果妳自認為是個魅力四射的女生，那麼在他眼中也會是如此，因為好男人一定認得出好女人。

　　現在就放心傾聽妳內心的聲音、放手去做妳想做的吧！如果他適合妳，就會趁這個機會靠近妳；如果他真的不適合妳，就會主動遠離妳的。

如果妳自認為

是個魅力四射的女生，

那麼在他眼中也會是如此，

因為好男人

一定認得出好女人。

年過三十的男生
不積極追求愛情的
原因

怎麼會這樣？難道進入三十歲，男生體內就會開始分泌「抑制戀愛」的荷爾蒙嗎？還是男生的戀愛細胞，會隨時間漸漸死去？又或是年過三十歲就會忙到沒時間戀愛？

都不是。沒有抑制戀愛的荷爾蒙，人體裡也不是真的有「戀愛細胞」，所以也不會有「戀愛細胞死掉」這種事。而且，無論男生是十幾歲、二十幾歲還是三十幾歲，都有各自忙碌的事。

不過我也不否認「男生超過三十歲後，比二十幾歲時更不積極」的主張是錯的。的確，同一個男生邁入三十歲，的確比二十幾

歲更不積極追求愛情。

為什麼會出現這麼一致的現象？答案是：「經驗」。年過三十的男生不會積極追求愛情，我覺得這句話只對了一半。更準確來說，不是所有年過三十的男生都不積極，而是被傷得很重的男生才會變得不積極。

年過三十卻沒什麼交往經驗的人，可能會像二十幾歲那樣積極地戀愛；相對來說，雖然只是二十五六歲，但如果已經受過許多傷害，就很有可能會像三十歲的男生那樣不太積極。

在這篇的內容中，我想探討的是人生經驗更豐富、跟比較多女生交手過的三十出頭男生，所以這裡會以「三十幾歲的男生」來統稱受過許多感情傷害的男生。

這裡說的「傷害」是什麼？就是曾經積極追求，也示愛了，但女生卻沒有給半點機會，結果只能暗自神傷。

或是跟女生好像互有好感、進入曖昧期，後來卻發現女生早就有交往多年的男友，自己只是個備胎，只能怪自己傻。

又或是，有女生每次跟自己對到眼總是眉開眼笑、說些體貼關心的話，於是他就為了拉近彼此關係而帶她吃飯、陪她看電影、送

她貴到爆的生日禮物，最後才知道她身旁圍著不少男生，自己只是她釣上鉤的其中一條魚，以前付出的所有努力都只像是主人的寵物狗搖尾巴想得到她的關注罷了。

還有，追了好久終於追到手，掏心掏肺為她付出了好幾年，都要論及婚嫁了，她卻劈腿一個更有錢的男生，狠心把苦苦哀求的自己一腳踢開。

因為種種的傷害，才讓男生的心變得剛硬。被女生傷害的經驗越多，越無法積極投入另一段感情，反而會把更多時間和金錢花在自己身上，讓自己過得幸福。

女生碰到這種面無表情、反應冷淡的三十幾歲男生時，會非常慌張。欲擒故縱法對三十幾歲男生完全不管用，甚至會讓他緊閉心門。這就是為什麼很多人都在問：三十幾歲男生和二十幾歲男生怎麼會差這麼多？

反正答案差不多，就別再問了，聽聽我說的吧！我現在就在這年紀，比任何人都更了解「三十而立男」的心情。除非對方很特別，否則千萬別對三十幾歲的男生使出欲擒故縱這招。如果妳現在心儀的他正值三十幾歲，就請妳開門見山地表白吧！

當然，如果面對二十歲的男生，迂迴法會比單刀直入好，但

三十幾歲的男生對這種手段非常敏銳。

他們已經有點年紀，也交手過各種女生，所以看到晚回訊息、拒絕邀約、容易吃醋這些招數，更不會產生想要積極靠近的欲望。生活已經夠累了，他們不想再把寶貴的時間和感情，耗在對自己沒興趣的人身上。

他們年少輕狂時也曾經以為喜歡的人就是命中注定的她、少了她人生就沒有意義。長大後才慢慢認清，世界上女人不止她一個，而且談戀愛差不多就是那樣。當他們感受到不容易跟這女生交往時，往往會立刻抽身。

就像是我們十幾歲去遊樂園玩，會願意為了等一兩個遊樂設施，排隊排一個多小時。現在去，一定會選人不多的平日，省得玩個遊戲還要排隊。還有第一次搭飛機的我們，會為了要坐靠窗、看風景差點和哥哥打起來，但現在要搭長途飛機會喜歡靠走道的位置，這樣要上廁所才能隨時出去、不會卡住。

所以，如果妳現在喜歡的他已經年過三十，就要讓他察覺妳對他的心意。讓他知道妳喜歡他，這絕對不是什麼很丟臉、尷尬的事，又不是跪著抓他褲腳拜託他跟妳交往。只要讓他知道「我最近覺得你滿有吸引力的」，拋出這種程度的訊息不會讓他占上風，反

而會成為兩人關係的催化劑，讓他開始好奇妳是怎麼樣的人。

在妳喜歡的三十歲男生面前，丟掉妳長久以來遮掩害羞的面具吧！那麼，擁有豐富經驗、跟很多女生相處過的他，將會展現出年輕男生沒有的圓滑成熟，更熱烈地愛妳。

#他們現在 #只是 #受夠了

男生會故意
假裝不喜歡？

　　關於這個問題，我們來個假設好了。有個幾面之緣的朋友，跟妳說有事請教妳而請妳吃飯。妳想可以幫上忙當然樂意，就答應邀約。沒想到餐廳服務生竟然端出妳這輩子最愛的焗烤龍蝦，這時妳會有什麼反應？

　　如果是我，看到龍蝦的瞬間就會吃驚地盯著他說：

　　「天啊，我超想吃龍蝦的！上次去拉斯維加斯凱撒宮諾布飯店的Buffet吃到焗烤龍蝦，我就決定總有一天一定要買整隻龍蝦來嗑……沒想到現在就能吃到這麼高級的料理！今天你想問什麼就儘

量問！只要有龍蝦，我什麼都可以告訴你。哈哈哈！」

這真的是我打從心底會做出的反應。不管對象是長輩、晚輩、同性或異性，我都會這樣。我很愛美食，只要看到喜歡的料理，情緒就會變嗨、話也會變多。

但是有一種人正好相反，這種狀況下會有完全不同的反應。不管端出他多愛的料理，都絕不會露出一絲絲興奮，頂多只會說：「喔，這很高級耶……我開動囉！」然後在回答對方問題時才暗自竊喜。因為他們覺得跟對方又不熟卻被請一頓大餐，如果表現得很興奮、一個人自嗨，好像會有點沒品。

妳有發現我為什麼要花這麼多篇幅聊吃的嗎？我想說的是，男生面對喜歡的女生，態度也會隨個性而有不同。有的男生喜歡上某個女生時，會絞盡腦汁讓對方知道。他不是勉強自己說出來，而是無法按捺自己的心意，再不說出來就會爆炸。對這種男生，直接示好更自然。

相反地，有的男生就算遇到喜歡的女生，也會藏得很深、不讓對方發現。對他而言，被看穿心思很傷自尊。他會故意跟喜歡的女生保持距離、期待偶然跟她四目相接，或是在必須說話時內心開心又緊張，還努力裝作若無其事。

有趣的是，迂迴的人往往比直接的人知道更多對方的事。直接的人個性單純、只會直線思考，所以心儀對象出現時，會努力聊上幾句來靠近對方。相反地，故意裝作沒興趣的男生，個性通常很慎重、喜歡分析，更有可能默默收集對方的資訊。他們細心的程度令人吃驚，甚至有其他男生很常跟她接觸，就會去查那個男生。

妳覺得都是女生對喜歡的男生才會這樣嗎？相信我！會這麼做的男生比妳想得更多。假如妳明明覺得某個男生對妳有意思，他卻都不跟妳搭話，也不主動跟妳靠近，他很可能就是藏得很深的那型。當然，前提是妳並非容易產生錯覺的人。

「男生喜歡上誰一定看得出來！」這種舊觀念就丟垃圾桶吧！這世界上一定有人思考模式跟妳不同，而且活得很好。OK，現在妳想問：如果有男生明明喜歡妳卻故意裝作不喜歡，該怎麼做才能順利跟他交往，對吧？

方法只有一個，就是要給他希望。直接的男生只要覺得有5%成功率，就會積極追求；但是會迂迴假裝不喜歡的男生，如果覺得女生喜歡自己的機率不到60%，就不會採取行動。在他有九成把握前，絕對不會說出自己真實心意。

他為什麼那麼小心翼翼？小姐，個性這種事我也沒辦法，妳以

前也暗戀過別班男生，拖到畢業還是什麼都沒說，回到家只是捶地後悔，不是嗎？其實我們每個人都一樣。他也想跟喜歡的人自然打招呼、聊些私人話題，但他自尊心太強，做不到嘛！

先別抱怨，聽我講。如果妳覺得他可有可無，就讓他像現在一樣默默喜歡妳，等他壓抑不住時就會靠近妳的。不過，假如妳也想跟他交往，覺得是他自尊心太強才故意假裝不喜歡，那妳就先靠近他，暗示他「我也對你有意思」就行了。

如果妳主動出擊，他還不接近妳，就只剩下兩種可能了。要嘛他有「戀愛障礙」、遇到愛情就腦袋空白，不然就是妳一開始就誤會他了。

#美食當前 #恥度爆表

#但在異性面前 #絕對 #很矜持

#這是定理 #哈哈哈哈哈

男生都
忘不了初戀嗎？

那女孩飄逸的長髮、白皙的皮膚、水潤的雙唇、髮梢間不時散發出的淡淡薰衣草香⋯⋯男生是否就像電影或電視演的那樣，一輩子都忘不了初戀呢？就先當作他忘不了好了，那就算男生跟別的人交往、墜入愛河，也還是會記得初戀一輩子嗎？

我覺得這是娛樂文化植入的刻版印象，簡單來說，就是電影或電視形塑的固定觀念。

了解一下現實狀況，就可以知道這觀念不太需要參考。首先，要知道劇裡擔任「初戀」的女生有什麼形象：大部分都清純又漂

亮。不知為什麼，大多人的「初戀」通常都是漂亮女學生，而且，她們的標配是身旁還要有個冒失、多話的閨蜜，善良的她們常常沒事就會被不良分子欺負。

這是怎樣？哪有可能大家初戀對象都長一模一樣？妳聽聽身邊男生的初戀故事就知道，這點根本就不可能發生。假設妳是男生，學生時期身邊有過這麼完美的女同學嗎？就算真的有，也不是每個男生都會受到青睞啊。

男生對女生好奇心爆發時，通常是初戀。當然也有人是因為真的很喜歡那女生而開始交往，但大部分的男生純粹是因為好奇「女生」是什麼樣的存在，才開始談戀愛的。就像妳第一次開車、第一次下廚、第一次學樂器，男生第一次談戀愛，也會不斷從錯誤中獲取經驗。

男生彼此聊到初戀，最常說「根本沒印象」、「只記得在吵架」。這是很正常的，男生第一次交往，完全沒有跟女生相處過，怎麼可能像連續劇一樣滿滿都是無法忘懷的回憶？初戀時男生跟女生一樣生疏，所以留下的很可能只有遺憾。

「嗯，我覺得初戀定義不是這樣耶！我聽男生說，初戀不是指第一個交往對象，而是第一個深愛的人。」

如果是這樣，就更沒有必要在意了！當初戀的「初」不再有意義時，妳也不用擔心他會忘不了初戀。妳怕他愛過別人嗎？Sorry，除非刻意找個母胎單身男，不然很難遇到沒有戀愛經驗的人。就算他愛過那個人，現在也分手了，就像妳不會再把心放在前男友身上一樣，他也是這樣。

　　其實沒有哪個男生會這樣想：「我要牢記第一個愛過的人，珍藏一起有過的回憶、一輩子都不要忘記！」我們不會下定這種奇怪的決心。如果他真的這樣想，不是因為對方是第一個，而是因為她的好令他印象深刻。

　　所以不用過度解讀「初戀」、或是「第一個深愛過的人」，這種順序像語言遊戲一樣沒什麼意義，現在妳專心好好愛著身邊的他就可以了！

　　妳是個很棒、很好的女人，他現在愛的人是妳，那麼他的初戀就一直會是妳。

現在妳專心好好愛著身邊的他吧！

妳是個很棒、很好的女人，

他現在愛的人是妳，

那麼他的初戀就一直會是妳。

看到容易害羞的女生，
他會怎麼想？

男生天生帶有保護的本能，原本是遠古時代為了抵擋野獸、或其他部落攻擊自然產生的。現在的男生不需要面對野獸，但看到害羞、嬌弱的女生，卻會被激發出保護欲。這裡說的不是女生刻意裝出來的那種假仙，是一種自然流露的柔軟。

女生努力又有點笨手笨腳的樣子，會激發男生的保護欲。別的女生看到可能會冒火，但男生卻會湧出一股力量想幫助那個女生，這就是現在男生的保護欲。

那什麼樣的女生算是害羞的女生呢？在男生面前滿臉通紅、說

話結巴、不敢直視他，就會激發出男生的保護欲嗎？

的確，女生害羞的樣子會讓男生想保護她：事實上，男生也容易喜歡上這樣的女生。不過，現實狀況更複雜一點，有些害羞反而會讓男生避而遠之。

為什麼同樣都是害羞，卻讓男生有截然不同的反應呢？是因為個性？當然也有這樣的因素，但這不是根本原因。我們需要知道的是：害羞也分種類。

我稱之為「主動式害羞」和「被動式害羞」，而這裡的主被動是指方向。就像剛剛說的，主動式害羞會讓男生湧出一股保護欲。這樣的女生就算害羞，也不會隱藏對男生的好感，還是會待在男生身邊跟他說話、做出反應，這種就是主動式害羞。

被動式害羞是指因為太害羞，盡可能遠離男生、不跟男生說話、表情嚴肅、回答太簡短，這種被動式害羞反而會讓男生逐漸關上心門。

主動式害羞的女生遇到男生示好，雖然會緊張得有點扭捏，但看得出來她非常開心。而被動式害羞的女生遇到示好，則會表現出一副不感興趣、甚至不爽的樣子，也因此男生只會以為那女生對自己沒興趣。

只有自己才知道那是害羞，別人會覺得妳討厭他、想趕走他。同樣是害羞，還是會隨著主被動，左右男生保護欲的出現。

被動式害羞的女生千萬別因此自責！我知道妳們也不想這樣，但身體就是不聽使喚，怎麼辦？我想說，如果這真的是妳表現害羞的方式，那就乾脆先什麼都別做。

被動害羞女面對喜歡的男生，講話容易變得不客氣。其實是因為太害羞，才會僵硬地擺出臭臉，既然控制不了，那我們就先什麼都不做。沒自信跟喜歡的他說話，就靜靜看著他吧！在他講話時聽他說話就好。當然，妳們不可能因此有什麼進展，但至少比擺臉色或講話不客氣還要好。

千萬別用太生硬的方式化解妳的尷尬和難為情，只要充分練習，妳就能慢慢轉型成主動式害羞。就像前面講的，這是方向的問題。主動式害羞的方向是：「一定要表達出我的好感！」被動式害羞的方向則是：「我的心意絕對不能被發現！」

老話一句，當我們主動出擊，開花結果的機率就能提高。就像有兩個老闆開店賣衣服，一個希望：「一定要把衣服賣出去！」另一位老闆想著：「絕對不能被客人發現我想賺錢！」可想而知，兩家店的營業額一定差很多。

如果妳喜歡他，就一定要調整方向。就像一艘從基隆出發的船，已經把航向定往日本，船長卻希望能順著風浪抵達澎湖，這實在有點呆。

生性害羞絕對不是一種錯誤，但如果我們的方向指往錯誤的目的地，就絕對要調整了。

男人絕對
不主動聯絡的
心態分析

<讀者的來信>

　　我跟他在一起，他都會對我說很多好聽話、舉手投足間也充滿曖昧，總是讓我暈頭轉向。但有個部分一直讓我不放心，我懷疑是不是自己誤會他喜歡我，但我再怎麼想都覺得不對，因為他從來沒有主動聯絡過我。

　　是他先對我有意思的，但很諷刺的是，每次都是我先聯絡他。這件事我忍了很久，我真的很好奇，他究竟是因為都沒想到我、覺得男生主動聯絡很丟臉，還是他正在聯絡別的女生呢？

收到妳的來信了。每個人的個性、喜好都不一樣，有些男生遇到喜歡的女生，就會為了擄獲女生的芳心像推土機一樣努力靠近；相反地，有些男生就算有喜歡的對象，依然不會露出任何蛛絲馬跡。如果妳遇到的是推土機男，就沒什麼好懷疑的，因為從聯絡到告白，他都會知道該怎麼追求妳。

　　不過人心沒那麼簡單。一開始苦苦追求的是男生的話，女生可能會覺得他沒什麼魅力，甚至懷疑他的真心。

　　等等，別以為我是在埋伏筆，企圖導出「不先聯絡＝小心翼翼地喜歡妳」這條公式嗎？不是的。他當著面會對妳好、沒見面卻不先聯絡，我們就立刻斷定「他小心翼翼地喜歡妳」？有點太急了。

　　在我們下定論前，先問妳兩個問題。妳有給過他希望嗎？他對妳示好，妳有正面回應過嗎？如果妳自信滿滿回答 Yes，他卻連一次都沒有主動聯絡，就要再重新檢視他的行為了：他不是個慎重的男生。

　　那怎麼樣才是慎重的人呢？慎重的人不是會枯等別人付出的笨蛋，也不會冒險，凡是有風險的事或人際關係都不會涉入。不過，妳已經主動出擊，消除風險了。

　　妳可能會說：「哪有？什麼時候？」妳剛剛不是說有主動聯絡

他嗎？

他常常逗妳、迷得妳暈頭轉向，擺明就是對妳有意思，但他連一次都沒聯絡過妳，這算是唯一的問題。而妳主動聯絡他，已經消除了他擔心「傳訊息會給妳負擔」的風險，所以「先聯絡」的問題應該已經不復存在了才對。

可是妳還是無法解開疑惑，為什麼他從來不先聯絡妳？我們來面對真相吧！事實就是：那男生不是什麼小心翼翼的人，明明已經沒有風險還是沒有積極表現，他要不是笨蛋、就是對妳沒意思。不管他說了、做了什麼讓妳心動，只要他沒有主動聯絡妳，就是個非常不利的警訊。

我們花點時間回想，看看妳是不是在初次見面就先對他有好感，之後才一直放大解讀他的行為。

現在先來重新定義一個大家長期公認的觀念：「男生的聯絡頻率和好感呈正比。」

這句話沒錯，我不否認，男生不去聯絡喜歡的女生，真的說不通。不過，讓這句話變成真理前，還要有個前提：「女生要給男生希望。」

即使妳給了他希望，但當他向妳示好，妳卻像在海洋公園看動物秀那樣看好戲，這樣還要怨他不主動聯絡，就有點自私囉！如果妳希望兩人關係有進展，就要讓他知道：「其實，我也對你有意思！」

妳都這樣了，他還是沒聯絡妳，那就乾脆放棄吧！除非他雙手打了石膏，不然要聯絡還不簡單？在手機上按幾個鍵就可以啦！

有些人無法面對這個事實，寫信問我：「他之前沒聯絡我，我還是邀他週末一起吃飯，可是他說要念書不方便，我要不要下週再問？」

如果妳剛好也想問我這個問題，希望妳能參考一下我的建議，因為換個場景，我也還是會給妳一樣的答案：

與其一心煩惱著要不要下週再邀他吃飯，不如陪自己的父母去他們喜歡的餐廳吃飯吧！這也是另一種形式的愛。

愛開女生玩笑的男生
很輕浮？

　　有個男生，他實際年齡和心智年齡似乎有點差距，總是喜歡無緣無故開妳玩笑、欺負妳，誇張地模仿妳的語氣，偷偷靠近妳、戳妳一下再跑掉。幼稚的還不只這樣？他常在很多人面前糗妳、爆妳的料害妳難堪，妳卻還是喜歡他。因為撇開那些過分的玩笑不說，他對妳而言其實很有魅力。

　　妳再怎麼都猜不透他真正的想法，雖然有人會說：「男生欺負妳就是喜歡妳。」不過以妳的立場來看，他就只是個愛開玩笑的人而已。我們現在就針對這些愛開女生玩笑的男生，分析一下他們的內心世界。

我先舉自己的例子，我絕對不會對喜歡的女生惡作劇。一來是我不想讓她覺得我輕浮，再來是我怕那些玩笑會讓她不開心。

　　不過有些男生會對自己喜歡的女生惡作劇，他們一天不鬧她就覺得渾身不對勁，會一直開她玩笑。女生到底要把這些當成示好，還是沒意義的玩笑呢？

　　以結論來說，男生開的玩笑就只是玩笑。我再強調一次，男生開玩笑不是在表達好感，女孩們別傻傻等他，也不要那樣解讀。

　　只要知道男生的本性，就更容易理解這句話。男生會對好相處的女生開玩笑，這跟他喜不喜歡妳無關。有男生對妳開玩笑，妳應該要先想到：「他是不是覺得我很好相處？」而不是：「他是不是喜歡我？」

　　如果輕易斷定他的玩笑是出於喜歡，只會讓妳從那時開始越來越辛苦而已。

　　那要怎麼知道，那些愛開玩笑的男生心裡真正的想法呢？他們會不打自招。男生的示好方式絕對不只「開玩笑」。要是他真的喜歡妳，遲早一定會對妳表達心意的。

　　像是某天突然開始擔心妳、幫妳買吃的、妳難過時安慰妳、陪

妳一起吃飯……等等。愛開玩笑的男生也跟其它男生一樣，會釋出好感，用自己的方式努力照顧女生。所以，不管他示好的方式再怎麼搞笑，妳也絕對不要不當一回事。

一定要記住，別把男生對妳開的玩笑解讀成他喜歡妳，因為那可能真的只是玩笑。

不過，那玩笑裡藏著他對妳表達的心意時，那就真的是好感。如果是這樣，就別再對包裝紙乾瞪眼，仔細看看內容物吧！

不同個性的男生有不同表達好感的方式，例如妳走進一間餐廳，老闆娘親切地說：「小姐怎麼這麼漂亮！只要吃這個，皮膚就會變更好喔！」然後端給妳一盤小菜。

續盤時則是老闆娘的媽媽給妳的，還滿口粗話：「TMD！我腰都快斷了，還敢跟我續盤，續個屁！下次我就直接上十盤，看妳會不會撐死！」然後端出同樣美味的那道菜。

這兩種情況下，妳拿到的菜都是一樣的。男生表達好感也是如此，妳得到的都一樣，只是他的表現方式不同罷了。（但如果他會把妳激怒到理智線斷掉，就建議妳三思。）

當妳遇到喜歡的男生，別把注意力放在包裝紙上，趕快打開，看裡面裝什麼吧！他想給妳的不是包裝，而是裡面的禮物啊！

#至少那句話 #可能不是 #在跟妳開玩笑

男生真的會愛上
常常見面的女生嗎？

原以為自己走上對的路，到頭來卻發現目的地在反方向，這時的無力感真的會讓人挫敗。男女關係也不例外，總是反覆上演類似的戲碼。

雖然不知道誰是發起人，但女生們卻深信不疑：

「男生會被他們猜不透的女生吸引！」

「太常出現在男生面前就會失去魅力。」

人心裡想什麼，一定會透過言行舉止反映出來。很多女生都覺

得，與其常出現在喜歡的男生面前，不如偶爾打扮漂亮再出現，這樣更能讓他印象深刻。而且她們還堅信這是讓男生按捺不住的不二法門。

不好意思，身為男生的我聽到這種論調，覺得有點好笑。一週一次的社課，妳打算去幾個禮拜、不去幾個禮拜，然後相信這樣不定時出現可以引發男生的好奇心？

呃……拜託，別吃錯藥。除非妳在社團裡是出名的美女，不然他根本不會注意到妳沒來。妳在家想著：「他一定會東張西望，發現我沒來。」但現實是：他根本就沒把妳放心上，抱歉，他正在跟學妹討論迎新要準備哪些點心。

妳以為他會因為妳沒去就憂鬱一整天，但根本不是這樣。真的想讓他因為妳缺席而失望、挫折，至少要先跟他累積一點交情。

妳穩定參加社課，他認識妳之後，妳們也在課堂上跟他聊一些私事、跟他一起規劃活動等等，這樣妳突然缺席，他才會好奇妳發生了什麼事。再來，如果他也喜歡妳，就會開始擔心妳。

不過妳沒跟他說過話，卻想用缺席招數吸引他，我冒昧問一下：妳有漂亮到他一眼就知道妳缺席嗎？如果答案是否定的，我們就勇敢承認吧！愛上常見面的異性機率更高，常見面就代表有更多

機會可以靠近。

　　沒錯，妳的穿搭技巧在朋友圈裡是出了名的高超，問題是他根本不知道啊！人本來就會對同性穿著比較敏感，對異性穿著比較遲鈍。雖然我偶爾看到比我更不會穿搭的人，會暗自驚訝：「哇，穿那樣不覺得自己丟臉嗎？」但只要不是難看到很誇張、或太奇裝異服，一般人並不會特別在意。

　　如果不知道這點，還深信我們可以用與眾不同的時尚風格贏過其他女生，門兒都沒有！男生根本就不懂女生的品味，而且他現在正沉浸在眼前學妹的甜美笑容中！所以，如果我們沒勇氣直接上前遞電話號碼，起碼要常出現在他面前。

　　世界上有人單憑一次勇敢的決定，就獲得成功；也有人做得差強人意，卻還是堅持下去，某天抓住機會就糊里糊塗成功了。

#常常 #要來不來 #會被踢出社團

男生什麼時候
會對喜歡的女生死心？

　　曾經有男生對妳表白，卻又突然離開嗎？妳當時心情如何？是鬆了一口氣、悵然若失，還是瘋狂地想念他？對他完全沒意思的應該是會鬆一口氣，不討厭也不喜歡他的應該會感到悵然若失，喜歡他卻假裝不理他的會後悔自己錯失機會，對他的思念如潮水般襲來時，更會讓妳什麼事都做不了。

　　錯過積極追求妳的男生，應該是最讓我們悔恨的事情之一。人很善變，往往當異性積極追求時，我們的態度既冷淡又被動；等到他放棄而走遠，才突然驚覺錯過而對他緊追不捨。

所以，我想用這篇文章幫大家打預防針，免得錯過生命中的 Mr. Right。

我們先來聊聊，男生為什麼會對喜歡的女生死心。第一個原因：女生不想付出半毛錢在男生身上。有句話說：「你的錢在哪，你的心也在哪。」如果每次都是他請吃飯、買咖啡和電影票，他一定會懷疑妳對他的真心。

對吧？如果對方是沒什麼錢的窮學生就算了，明明有在賺錢卻理所當然只想花對方的錢，這樣男生一定會誤會，覺得自己只是台提款機。真的想跟他進一步發展，我們就先大大方方地走向收銀檯買單吧！

妳擔心付錢會傷害男生的自尊？別擔心那麼多，世界上哪有人會因為愛我的人為我花錢而感到傷自尊的？除非你們的收入差距懸殊，否則也許他表面上極力阻止妳付錢，但對妳的好感卻會急速增加。

還是無法了解的話，我們就換個立場想想看吧！到目前為止，我看過無數男生因為被女生當提款機而關上心門，但從來沒看過因為女生付錢就傷自尊而放棄追求的。我再強調一次：「你的錢在哪，你的心也在哪。」心甘情願為妳心儀的男生打開錢包吧！

男生死心的第二個原因：一直都很晚才回訊息。很多女生以為太快回覆會降低男生的好感，這論調真的太扯了。男生喜歡上女生是因為被妳的魅力吸引，不是因為戀愛技巧。他喜歡妳才想傳訊息拉近距離，但妳每次都晚回、還回很短，這樣他再怎麼想靠近妳，耐性還是會被磨光的。

　　這很正常，聊天就是一來一往才能聊得起勁，要是我說一句，對方過三十分鐘才回，我秒回後又要再等一個小時⋯⋯這樣還聊得下去嗎？

　　妳是太忙才晚回覆？如果真是這樣，對方會知道的。男生又不是笨蛋，當然會知道妳是太忙還是故意拖延。忙，大家都能理解，但故意就會讓人倒胃口，千萬別用這招還想欲擒故縱，太明顯了。萬一搞得兩邊聊不下去，那他放棄妳只是遲早的事。

　　男生死心的最後一個原因：妳身邊圍繞太多男生。我懂，女生在喜歡的男生面前會故意跟別的男生講話、傳訊息給別的男生，還一副很開心的樣子。我為什麼會知道？因為我都遇過啊！就是因為妳喜歡的他在場，才表現給他看的嘛！

　　「除了你之外，我還有很多男生追喔！」

　　「我身邊可是不缺你這種男生。」

何必為了吸引他注意而演這種戲呢？先不要急著否定，聽我說句話。

以後絕對別這麼做。故意在他面前這麼做，他不會覺得妳有魅力，只是逼他盡早死心而已。為什麼想營造這種形象呢？妳是想警告他：「競爭對手很多喔，努力追求我吧！」這樣嗎？但他並不會因此覺得妳搶手，只會覺得妳很隨便。

男生不會想跟這類人發展穩定的關係，女生也不會。假如妳喜歡的男生每次都在妳前面傳訊息給別的女生、跟她有說有笑、做些讓人誤會的舉動，每次妳問他有沒有空，他都說已經跟學妹約好了，妳還能相信他、跟他談戀愛嗎？

受異性歡迎的人，不用特別表現什麼，大家自然都會知道。女生那股藏不住的魅力是很吸引男生沒錯，但故意跟很多男生走得很近，只會令他大失所望。他是喜歡妳沒錯，但並不是因為妳很受歡迎，所以那些表現會成為扼殺愛情的毒藥。

假設其他所有條件都相同，一個女生身邊沒有男生朋友，另一個女生有很多男生朋友，通常男生會選前者。所以不用因為沒有男生朋友而怕自己看起來沒行情，也沒必要故意抓個不熟的男生、假裝跟他聊得很開心。

我已經把男生死心的三種原因都告訴妳了。總歸一句：設身處地為他想想吧！妳不喜歡的，他也不會喜歡。我們平常都很會替別人著想，偏偏遇到喜歡的他就會做出奇怪的行為。也許是因為被愛情沖昏了頭，不過我們還是要趕快清醒才行。

　　我想跟妳說的是：「妳會對喜歡的男生死心的原因，正是男生會對妳死心的原因」。

　　所以在做任何事前，先換個角度思考吧！儘管妳想用各種方法讓他心急，但別忘了：停止想試探對方的衝動，才能讓好男人留在妳身旁。

Chapter. 4

修成正果！　　　　　　　　　　讓心儀的他

愛上妳

女生都覺得女生比男生複雜，
其實男生跟女生的思考方式沒有差那麼多。
了解這點後，一切都會變得簡單，
距離贏到他的心、讓愛情開花結果，也會更近一步。

最近男生
表達好感的方式

#1

「他是不是對我有意思？」

只要遇到吸引自己的男生，每個女生都會這樣問自己，卻並不是隨時能「得到答案」。

除非妳走到他面前直接問：「你對我有意思吧？」或他支支吾吾說：「妳……妳喜歡我嗎？」在這之前，我們都沒辦法用猜的來確認他的心意。

當然，男生喜歡人會有類似的固定模式，不過每個人面對心儀對象時，表現出來的樣子還是會不同。女生們如果想像太多，最後

就會被自己的錯覺搞得暈頭轉向。

如果誤會對方喜歡自己，後來才知道不是，那種錯覺真的會讓人心煩意亂。當妳覺得「他對我有好感」而去解釋他的行為，到頭來卻發現他喜歡是別人，那種虛脫無力、像被背叛又丟臉的心情，沒經歷過的人絕對無法體會。

那難道除了等他親口說、或直接去問他，就沒有別的辦法知道他對妳有沒有好感？也不是。犯罪後不論清理得多乾淨，一定會留下證據；同樣，男生在面對喜歡的女生，不論有心或無意，也一定有跡可尋。先從第一個證據開始看起吧！

證據1：他會邀妳一起單獨吃飯。

看到這裡，想必有些人會點頭同意，也會有人想要立刻把書蓋上吧？為什麼會有這麼兩極的反應？因為「約吃飯」這個證據，是一把兩面刃。

點頭同意的讀者，應該曾經被男生單獨邀約吃飯，後來兩人關係的確也因此升溫了。

不同意的讀者，可能是被單獨邀約後開始喜歡上對方，卻發現他也若無其事跟別的女生搞曖昧。所以看到我提出的第一個證據

時，才會氣得不想看下去。

講到這裡，就會有人開始提出關於「備胎理論」的種種主張：「第一種男生比較單純，第二種男生是渣男吧？」當然這也有可能，不過我們現在要討論的是男生的立場，這世界上男生分兩大類：

1. 只會跟喜歡的女生單獨吃飯的男生
2. 會跟不喜歡的女生單獨吃飯的男生

以前讓妳生氣的男生是後者，他可能也不是想把妳當備胎，而是沒多想就單純跟妳吃一頓飯，根本不管妳是異性還是同性，純粹覺得只是吃個飯而已。

反過來說，妳覺得把男生當普通朋友吃頓飯，會不會很難呢？其實不需要花好幾個禮拜準備、不斷深呼吸才能做到。

言歸正傳，為什麼會說男生邀妳吃飯，是很明顯的證據呢？只要滿足某些條件，就不能否認「他對妳有意思」。

男生通常只跟以下幾種女生吃飯：

1. 家人（媽媽、姊姊、妹妹或奶奶）
2. 朋友（或能像朋友舒服相處的女生）
3. 感謝的人（或以後有事相求的人）

4. 女朋友（或妻子）

5. 有好感的女生

所以當男生提議要吃飯，只要加上一個前提，就能確認他對妳有沒有意思。

那就是：妳不屬於第1到第4項。

只要符合，就能大膽斷定他邀妳吃飯是指：「我喜歡妳！」如果妳剛好也喜歡他，就趕快抓住他！這簡單到我不用再說一次吧？

我們來做個總結：如果妳不是他一般朋友、過去沒幫助過他、對他未來生涯不會有影響，也不是他女朋友，那麼他邀妳吃飯的原因就是「對妳有好感」。

妳跟他吃完飯，可以選擇主動使出絕招、明確進攻，也可以傳訊息：「謝謝你請我吃飯，下次換你來我們家，我好好招待你。」但如果妳不喜歡他，在他邀約時就要清楚回絕他：「謝謝不用，我心領了。」或是乾脆趁這機會吃些妳平常想吃的美食，踏著輕快的腳步回家也可以……

重點是「聽從妳心裡的聲音」，想做什麼就去做吧！趁妳還沒後悔之前。

最近男生
表達好感的方式

#2

　　一段關係的結束，是另一段關係的開始。就算曾經痛徹心扉，愛情還是會若無其事地再次來敲門。

　　人總是會反覆經歷相同的煩惱：

　　「他對我有好感嗎？」

　　「他這麼做是什麼意思？」

　　這次想聊的是：男生跟喜歡的女生相處時的舉動，還有男生基於本能而出現的行為。話先說在前面，其實無論男女，所有人面對

心儀對象都會有這種本能的行為，就是「肢體接觸」。

為什麼人會去碰觸有好感的對象呢？原因有很多，但最根本是因為當我們接觸對方的身體時，會刺激心裡湧出一股強烈的悸動感，也會讓彼此關係升溫、變得更親密。

一個男生懂得怎麼自然碰觸自己心儀對象，通常都有豐富的戀愛經驗，不會小心翼翼、綁手綁腳的。經驗老道的人很清楚肢體接觸的底線在哪裡，不會讓女生不舒服。

肢體接觸帶來的震撼非常大，當人觸碰到心儀的異性，好感度會急速上升。如果人在還沒有對象的感情空窗期，跟有好感的異性肢體接觸，會有讓人渾身發麻、內心悸動的化學效應。

當然，不是有肢體碰觸就一定等於喜歡，但比起只是用眼神注視對方，這種接觸後似有若無的微妙感覺，更能勾動人心。我們人從這時候，就會開始對彼此有好感。

但拜託，千萬別誤會我的意思，這裡說的肢體接觸，不是太親密、太深入的那種，沒有人喜歡一開始就有那種接觸，可能只有滿腦子黃色思想的人才會。大部分人要是遇到那種令人覺得越線的接觸，好感都會驟降到谷底。

情場高手、或善於吸引異性的人，通常第一個會碰觸的是下手臂。下手臂就算被不熟的人輕輕碰到，一般人也不會太生氣。

肚子或蝴蝶袖這種容易被發現變胖的地方，可能會讓對方不開心，所以不適合。

臉頰或頭，則會讓人覺得是在故意搞曖昧；大腿或屁股可能衍生性騷擾問題。而像手臂比較不那麼敏感的地方，則相對安全。

基於以上原因，情場高手或戀愛達人，都會在對話時輕輕碰觸心儀對象的手臂。

這時妳需要仔細觀察！他們絕對不會碰很久，也不會故意捏妳的皮膚，而是會表現得很自然，彷彿那不是什麼大不了的事，然後繼續跟妳聊天。

不能因為他動作太熟練，就一口咬定他對妳沒意思。不管熟不熟練，還是可以確定他對妳是有好感的。因為男生根本不會伸手去碰自己不喜歡的女生。

當然，他可能是為了安慰妳而拍拍妳的背，也可能是在聽到太驚訝的事，不自覺碰到妳的手臂。不過，當他重複接觸兩三次以上，就可以確認他是對妳有好感。

男生喜歡女生會做出各種行為，但最精準的觀察點就是看「肢體接觸」。假如妳心儀的男生已經碰觸妳超過三次，趕快把書蓋起來，傳個Line問他：「你現在在幹嘛～」吧。

　　不要以為好男人會一直痴痴等妳，因為妳眼中的好男人，也會是別人眼中的好男人啊！

　　「我聽說男生遇到喜歡的女生一定會告白，我是不是等那時再說比較好？」噢，放下封建時代的傳統執著，抬頭挺胸把握眼前的機會吧！

　　如果現在妳跟某個男生互有好感，就好好發揮今天學到的這招，自然地跟他肢體接觸吧！

　　先走向他、跟他說話，聊天時看著他的雙眼、面帶笑容，當他說笑話時咯咯地笑，然後找適當時機稍微碰一下他的下手臂，停兩秒半再自然放下。

記得全程看著他的臉，別停止對話。

做到了嗎？

做得好！

現在他是妳的了。

#Touch #His #Arm

最近男生
表達好感的方式

#3

　　有一種男生表達好感的方式很容易被女生忽略、不太會注意到，就是講悄悄話。悄悄話是怎麼講的？一般真的要講祕密，會去兩人獨處的空間。

　　不過，如果對方硬要在很多人面前，在妳耳邊跟妳講悄悄話，原因只有兩個：不是想更靠近妳，就是故意要讓第三者看到。

　　想確認他到底是對妳有好感、還是利用妳來刺激別人，只要觀察他跟妳講話時在看著誰，就能知道。

　　打個比方，假如教授在課堂上說了一個學生常講的流行語，引

起一陣哄堂大笑。這時，突然有男生低頭小聲對妳說：「教授最近是不是有在研究流行語？」然後對妳露出微笑，那麼他很可能是對妳有意思，因為那悄悄話是為妳說的。

相反地，如果他目光停在別的女生身上，卻走到妳身邊跟妳說：「欸，慧英今天眼線畫得超怪，對吧？」然後盯著慧英直笑，那就可以解讀成他在利用妳引起慧英的注意。

除了上述兩種狀況以外，再不然就是在絕對要保持肅靜的場合或不得不壓低聲音說話的地方。不然，男生不會無緣無故跟女生講悄悄話。

男生之所以講悄悄話，是因為清楚這動作表示：「這些話我只想跟妳說，不想讓別人知道。」男生不會對不感興趣的女生這麼做。也許會有人說只是偶然，但如果一而再、再而三發生，十有八九是因為他努力想吸引妳的注意。

確定他的心意後，妳也想跟他的關係有進展的話，可以找一些雞毛蒜皮的小事跟他說悄悄話，但萬一妳想跟他保持距離，只需要面無表情地回答他就行了。「兩個人講悄悄話」往往表示雙方已經進入曖昧期，所以女生在這時候的反應，會決定男生要不要採取進步的行動。

其實，男生要鼓起很大的勇氣，才有辦法對喜歡的女生說悄悄話，不然通常男生是不太敢對喜歡的女生說話的。但當他克服恐懼，試著對妳說悄悄話時，就代表他真的非常喜歡妳，或者他是個很懂女人的「高手」，只有這兩種可能。

不管哪個原因，可以確定的是他對妳有好感，接下來就是妳決定怎麼面對的問題了。採取行動前一定要先搞清楚：肚子餓就隨便抓東西來吃，可能會吃壞肚子；同樣，要是孤單寂寞就隨便找人陪，也可能會毀了妳的人生。

感情是妳讓某個人踏進妳的生活，是一件重要的事，所以一定要更慎重。別因為有人對妳示好，妳就照單全收，懂得果斷回絕不必要的好感，非常必要。

人思考時容易忽略輕重緩急，我建議，與其確認他是不是對妳有意思，妳更該重視他是不是個好男人。

千萬別因為自己還年輕，就隨便找人交往，因為妳的生命，是那麼地珍貴。

男生對綠茶婊
無招架之力的原因

　　大部分的女生都討厭綠茶婊，因為她們面對女生和男生，行為有一百八十度的差異。跟女生喝酒猛吃下酒菜，筷子連一刻都沒停，吃完還會拚命點；但只要一有男生在場，她們就會用一副我見猶憐的樣子、小口小口吃東西，每喝一杯酒還要扶一下額頭裝暈，博得大家的同情。

　　為了吸引所有人的目光，她們還會講些令人起雞皮疙瘩的台詞：「哇～今天可以跟你這麼棒的人一起吃飯，真的太幸福了！」雖然妳已經忍不住舉起手，快朝她的後腦勺巴下去了，但是在場男生無一不被迷得魂不守舍。

那是當然的！大部分男生都喜歡綠茶婊，甚至會喜歡到無法自拔。為什麼男生無法逃出綠茶婊的手掌心呢？

我不認為綠茶婊各方面都很好，但至少她們勇氣可嘉。女生常誤以為會讓男生無法招架的是「高冷女神」。不好意思，妳們錯了，讓男生緊追不捨的並不是「高冷女神」，而是「積極、好靠近的美女」。

妳不同意嗎？那妳還沒有徹底了解男生。高冷女神是很受歡迎沒錯，但還差那麼一點，因為高冷女神只會讓男生感嘆「可遠觀不可褻玩焉」。

反過來說，難道妳會想親近長得帥卻超跩的男生、跟他告白嗎？男生也一樣，面對高冷女，連搭訕都難，更別提著迷了！雖然能吸引一大票男生的目光，但很少能把男生完全迷倒。

反而是積極、好靠近的美女更讓男生著迷，甚至為她付出一切。我長這麼大，遇過兩個這種女生，我不只對她們毫無招架之力，還得使出渾身解數才能對她們死心，那兩段經驗到現在還令我記憶猶新。連自詡敏銳又冷靜的我，也不得不承認被迷惑過。

到底綠茶婊是施了什麼魔法，讓男生全都乖乖聽話呢？

在我看來，「會打扮」是綠茶婊魔法的第一關鍵。男生是視覺動物，其實女生也是。在社會上顏值高的人，本來就比長相普通的人更容易得到好的待遇，這是不爭的事實。也許聽起來有點老套，但我不想說假話安慰妳。

能迷倒男生的女生基本上一定要會打扮。如果又加上天使臉孔、魔鬼身材，魅力指數一定爆表，不然至少符合一項也夠了。我遇過許多被綠茶婊迷得神魂顛倒的男生，從來沒看過哪個綠茶婊不打扮。

不過，光憑會打扮還不足以迷倒男生，畢竟這世界上外表出眾的女生太多了。就像我前面講的，男生對這類女生很嚮往，但不會突然被什麼都沒表示的女生給迷住。

綠茶婊魔法的第二個要素就是「直接」。這也是女生們誤會最深的一點，妳們都以為太積極靠近會讓男生馬上失去興趣，我不知道是從誰先開始提出這種論調的，但這真的是世紀大謊言。如果傻傻相信，然後在自己喜歡的男生面前擺出高傲的姿態、不做任何表示，這樣戀情當然也會無疾而終。

吸引心儀異性的必要行動，就是讓對方知道「我對你有好感」。綠茶婊在這方面非常直接，沒錯，關鍵字就是「直接」。偷

偷留紙條、透過第三者轉達好感，這些都不夠直接，帶給男生的震撼也微弱很多。

我來說說綠茶婊的直接會怎麼表達好了。假設男生是西班牙皇家馬德里足球俱樂部的球迷，綠茶婊接收到這情報，就會努力研究皇家馬德里隊的一切。

等下次跟那男生見面，就會假裝不經意提到足球，這時男生一聽到喜歡的話題，就開心地說自己是皇家馬德里隊的球迷，然後綠茶婊就會不可置信地說，自己也非常喜歡皇家馬德里隊。

接下來，在男生口沫橫飛地讚美皇家馬德里隊時，綠茶婊會挑個適當的時機跟他擊掌，說我們這麼合得來，真是太神奇了。我敢保證，到這一步，男生一半的心都已經飛到她身上了。

不過，這樣還無法完全迷倒男生。綠茶婊在下次跟男生見面時，會有更直接的攻勢。

像是在打招呼、或聊些日常生活時突然說：

「我昨天和朋友見面的時候都在聊你耶！」

『聊我？聊我的什麼……？』

「喔～就說你人超好的，根本是新好男人的代表。」

別懷疑，這麼肉麻的話真的行得通，我也不是拿瓊瑤愛情小說的對白來胡扯，這是我親耳聽到一個女生說出口的，當我聽到時就完全上鉤了。

這就是綠茶婊會有的直接。漂亮歸漂亮，但如果她高姿態地什麼都不做，我根本不可能會被迷得暈頭轉向。她那無法掌握的直率台詞和舉動都讓我受寵若驚，驚訝馬上就變成了心動。

這就是為什麼男生都對綠茶婊毫無招架之力。萬一綠茶婊在這個時刻，突然表現出沒興趣的樣子，男生就會急得像熱鍋上的螞蟻。甚至還可能會為了再次擄獲她的芳心，撇下自己的工作和生活。這對男生並非好事，但透過這點，也能看出綠茶婊魔法的威力有多強大。

說實在的，現在的我一點都不喜歡綠茶婊。不是因為她們太有吸引力，也不是因為她們太直接，這些不會構成她們的缺點。

綠茶婊之所以會被當綠茶婊，就是因為她們太輕浮了。她們不會只用這份直率吸引一個男生，而是會同時對很多男生下手。許多男生會受傷，就是因為綠茶婊的這種特性，甚至會好一陣子都無法再相信女生。

所以，我並不是希望妳變成綠茶婊。但還是要了解她們讓男生無招架之力的「愛情魔法」關鍵，如果能好好應用，妳也能讓心儀的那個男生主動走到妳面前。

　　其他就交給妳發揮了，祝福妳能小心使用、打造出一段美好的戀情。

當男生對妳表達好感，不要老是疑神疑鬼

　　有女生跟我說，誤以為對方喜歡自己，後來才知道是自作多情，這種狀況會讓人覺得可惜。不過我覺得另一種更可惜，就是對方明明對妳有好感、也直接對妳告白，妳卻一天到晚懷疑他的真心，最後把自己搞得很累、兩個人也不得不分手。

　　不過，我完全可以理解。因為如果自己是旁觀者、有男生喜歡妳的朋友，妳很容易能看透他的用意，但是當自己變成女主角，就真的沒辦法那麼容易相信。高手和新手的差別，就是「在這時會做出什麼抉擇」。

假設妳參加了台北某間補習班的多益班，某天見過幾次的男生突然私訊妳：

「妳好，我是跟妳同一個多益班的○○，那個⋯⋯請問妳模擬試題寫完了嗎？我不小心把試題本弄丟了，明天下課之後可以跟妳借嗎？」

妳會覺得他可能對妳有好感、或只是單純拜託妳幫忙而已？嗯⋯⋯如果妳每次都認為不可能是好感，會很難展開一段新戀情喔！當然，妳會這樣想也無可厚非，因為表面上看來他的確沒問妳私人問題，只是跟妳借試題本。

不過，為什麼他偏偏要跟妳借呢？補習班的學生裡，難道只有妳一個人有嗎？在台北知名多益補習班裡，要借本模擬試題有那麼難嗎？像妳這麼優秀的女生，懷疑男生對妳的好感也不奇怪。

換個角度想一下，答案會比較明顯。如果妳在多益補習班中，看到一個喜歡的男生，妳會怎麼靠近他？在課程結束直接跑到他面前問：「要不要一起吃晚餐？」還是會親手寫一封情書放他常坐的桌子上？

很難這麼做吧？妳應該也會像那個男生一樣，在群組名單裡找到他、加他好友，再找個藉口私訊他吧？他也一樣，明明可以跟別

人借卻偏偏跟妳借，之後再趁還書的時候請妳喝咖啡！這樣一借一還過程中，就能拉近彼此之間的關係。

戀愛經驗豐富的女生，如果也對那男生有意思，就會把「拿回試題本」這件事當成機會，努力靠近他。還會突然傳訊息：「在鎬～昨天模擬考你考幾分啊？ㄎㄎ」

男生收到心儀女生傳來這種訊息的話，絕對會立刻從位子上跳起來、忍不住跳起舞來！還會繼續煩惱下一步該怎麼做，才能逗那女生開心。

別誤會！我不是要妳把所有男生的好意都解釋成好感，只是如果男生明顯表示出好感，妳就別硬要解釋成一般的好意。

舉例來說，有個不太熟的大學學長傳 Line 給妳，妳回他：「學長，怎麼了嗎？」結果他說：「就是想妳才聯絡妳啊～」

這就是好感了。妳以為他在開玩笑嗎？不是！妳以為他在惡作劇？也不是！如果他以前不是個愛開妳玩笑的人，那這句話就是認真的。他沒事為什麼要說「想妳」？萬一旁人開始傳一些有的沒的風聲怎麼辦？就是因為想妳，他才會冒險跟妳說。

再舉個例子好了。有天妳跟一個年紀比妳小的男生參加完小組

聚會，兩人單獨去咖啡廳。他突然認真跟妳說：「我喜歡像妳這樣雙眼皮很深的女生！」妳就要知道，他不是突然告訴妳他的理想型長得像妳，而是在拐著彎告白說他喜歡妳。

為什麼要一直懷疑呢？他明明可以說些別的事，卻直截了當地說了那句話，這不是很明顯嗎？因為他喜歡妳！就是因為喜歡妳，才會說喜歡妳。

再怎麼熟的好朋友，都很難隨意把這些話說出口，應該說越親近就越難開口。如果他打從一開始就會開這種玩笑，那妳根本不會誤會他的話。但妳跟他並沒有那麼熟，他為什麼要說出會讓妳混淆的話勒？

套句聖經裡耶穌說的話：「你這小信的人哪，為什麼疑惑呢？」別再懷疑了！他已經鼓起他原本沒有的勇氣向妳表白了，不要再懷疑他是不是對妳有別的意思。

就是妳聽到的那樣，把妳聽到的內容聽進心裡吧！

在這個世界上，會坦白說愛妳的男生，比妳想像的還要多。

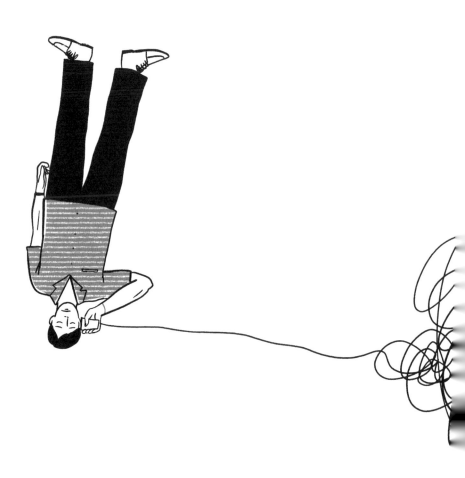

當男生對妳表達好感時，

別懷疑！

就是妳聽到的那樣，

把妳聽到的內容聽進心裡吧！

他喜歡妳，

就是因為喜歡妳，才會說喜歡妳。

能讓男生
對妳產生好感的原理

#1

很多女生都誤以為，只要學越多吸引男生的方法，就越容易開始一段戀情。也對網路上流傳的獵男奇招（說穿了就是「誘惑技巧」）深信不疑。

我們來聊其中一個好了：網路上說跟男生借東西或還東西的時候，如果在上面噴點香水，男生每次使用到它就會自然而然想到妳。不然就是在拿東西給他時，故意露出脖子或手臂內側，散發女生獨有的香氣，男生就會被吸引⋯⋯這類的內容。

這個技巧不是完全沒效，比起什麼都不做，鼓起勇氣露出脖子

的確好上很多。不過比起「技巧」，更重要的是「原理」。原理才是能贏得男生好感的關鍵，是最最重要的基本功。

了不了解原理，這之間的差距可大了。用彈鋼琴當例子，很會彈鋼琴的人一定要有基本功。像我，根本不會彈琴，就算有人告訴我彈奏某首曲子的技巧，我也照著拚命練習，或許可以勉強彈得有模有樣。可是只要曲子稍微改變幾個地方，或叫我彈另一首，我一定會當場愣住，因為我根本不懂彈鋼琴的原理。

所以，就算我們跟獵男高手或戀愛專家，學到一些吸引男生的技巧，萬一男生的反應不在我們的計畫內，或是發生出乎意料之外的狀況，妳一定會當場自亂陣腳、連動作也會不自然。最糟的結果是，本來是想吸引他的，結果反而讓彼此距離變得更遠。

掌握了原理的人，搭配狀況使用那些技巧才會見效。一個連單腳接球都不懂的人，如果只因為他會模仿知名球星傳球就去參加職業足球賽，他一定會因為沒接到球被隊友罵翻，根本別說要展現什麼高超的傳球技巧了。

我的意思就是，不了解男生心理作用的原理，光是照網路的吸引技巧去做，絕對無法抓住男生的心。要靠近喜歡的男生時，一定要練好基本功。男生是很單純的，不只男生，女生也很單純。

女生似乎都以為女生比男生複雜，但其實男生跟女生的思考方式，並沒有差那麼多。先清楚這一點，就可以掌握讓男生動心的關鍵，也是讓愛情開花結果的第一步。

故意把香水噴在男生的東西上，或是裝出一下子清純、一下子性感的反差形像，這些招都太弱了。就讓我來告訴妳能更快速、更安全地抓住男生的心的原理吧！

這原理不僅適用於特定的男性對象，假如對方對妳有點好感，那這個方法將能讓他在生活中不斷想起妳，就像魔法一樣。有些人應該也知道這件事，但還沒有人幫它取一個正式的名稱。而我把這原理稱為「好感加倍回饋（favor doubling）」。

既然命名了，接下來讓我慢慢說明給妳聽吧！

能讓男生
對妳產生好感的原理

#2

現在就開始來說明「好感加倍回饋」囉！我醜話先說在前面，妳喜歡的他至少要把妳當成異性，這招才會奏效。要是當初來不及留下美好的第一印象，現在才要改變他的心意，那就超出我的能力範圍了。倒不如重新找個男生來抓住他的心比較快。

好，我們先把以前學過的所有吸引技巧，統統從腦中丟掉，只要專注在「好感加倍回饋」這件事上就好。

就像上一篇提到的一樣，「好感加倍回饋」不是一種技巧，而是直擊人類本質的基本功。就像有的貓溫馴、有的貓攻擊性強，有

的貓會在大小便後把排泄物埋進沙子裡，人的個性同樣也非常多元，但本質是一樣的。「好感加倍回饋」可以直接進攻人的本質，是一般吸引技巧沒辦法達到的境界。

妳期待的日子快到了，就是妳跟心儀的他初次互動的那天～不論是跟他聊天、共事，還是搭同一台電梯，總之就是妳們注意到彼此的那天。千萬拜託，那天一定要集中精神、記住他的一舉一動，哪怕他只是說句簡單的問候。

他跟妳打招呼時，妳心情如何？開心到不行吧？那現在妳就等待下次見面吧！沒等到也沒關係，只要主動製造出能碰面的機會就行了。下次再見面時，妳要做的很簡單，就是把上次跟他互動產生的好感，也就是他跟妳打招呼的那份好感「加倍回饋」。

打個比方來說，如果再遇到他，就要換妳先笑著開口打招呼，再加上一句：「你今天沒有打領帶耶！」這樣就等於是把他先前跟妳問候的好意，變成「打招呼＋有私交」後加倍還給他。

還有一種運用的方法！假設妳喜歡的男生正在公司前買咖啡，妳靠過去打招呼後，他開心地想請妳喝杯咖啡。很多女生只會接過咖啡、頻頻道謝，等到兩人分開後才扼腕地想：「早知道就跟他多聊一些了……」

這種時候，「好感加倍回饋」就派上用場了。他說要請妳喝咖啡時，不要光是道謝，要接著說：「那明天換我請！你電話多少？明天吃完飯，約在這裡碰面吧！」一定要要到他的聯絡方式，這就是好感加倍回饋的最佳範例。

　　很多人收到對方示好，只是糊里糊塗接受而已，不然就是把對方無心的動作過度放大，還大喇喇去跟對方表白。也許對有些人行得通，但風險太大了。而「好感加倍回饋」的優點是，我們的舉止態度可以很自然，但是對對方造成的衝擊力卻相當大。

　　雖然我們的確是在示好，但表面上我們只是用更好的方式回報對方的好意，藉此展現出魅力。這招「好感加倍回饋」，帶給男生的影響非同小可。他會慢慢感受到自己不知不覺跟妳越走越近，生活中也會一直想到妳。

　　接下來，他也會試圖表達更多好感，然後再換妳繼續將好感加倍回饋給他，久而久之，兩人之間就會產生相互依戀的愛意。

　　每個人跟心儀對象認識的情況都不一樣，這個「好感加倍回饋」原理，具體實踐的方法也各有不同。不過無論在什麼狀況下，當妳想使用「好感加倍回饋」時，務必切記：「要把對方的好意『加倍』回饋給他」。

回饋對方的好意後，妳們兩人的關係不可能沒有進展。妳想想，他跟妳打招呼時妳也跟他打招呼，他問妳東西哪裡買的，妳也問他東西哪裡買的，這樣一來一往之間，愛意怎麼可能不萌芽？

一定要加倍回饋！他才忘不了妳。如果反覆進行「好感加倍回饋」原理，遲早妳都能在他生活中占有一席之地、成為非常重要的存在，他也會努力邀請妳進入他的生命中。

到時千萬別得意忘形、開始欲擒故縱。帶著起初「好感加倍回饋」時那份單純的心意，開開心心地替愛情開門吧！

別忘了，不要太多也不要太少，剛剛好「加倍」就好！假如對方謹慎地靠近妳，妳就謹慎地表達雙倍的好感，對方若積極示好，那妳也積極地表達雙倍的好感，這樣就行了。

這麼一來，不管他是謹慎的人還是積極的人，妳們之間一定會日益升溫。謹慎的他，會喜歡妳以謹慎的步調慢慢靠近他；積極的他，則會喜歡妳同樣以積極的方式直接表達自己的心意。

不論對方個性如何，「好感加倍回饋」都派得上用場。「好感加倍回饋」不同於一般的誘惑技巧，它也符合了人的本質。卡內基（Dale Carnegie）在著作《如何贏取友誼與影響他人》（How to Win Friends and Influence People）中，強調：「人只會關心對自

己付出關心的人。」這句話正是指出人的這種特質。

好，現在我要說的，可能妳會覺得有點刺耳，不過良藥總是苦口的嘛！我當然希望妳能透過「好感加倍回饋」，成功開始一段新戀情。不過有時世事無法盡如人意。假如妳已經試過「好感加倍回饋」，對方不但沒反應，還開始躲妳，這時我們就要死心了。

妳可能真的很難輕言放棄，不過為了妳自己，還是要設下一個停損點。如果妳確實試過「好感加倍回饋」，他卻沒表示，其實表示出他對妳沒意思。

我以一個男生的角度來看，如果男生看到心儀的女生對自己示好，不會假裝沒看到。不管他個性上再怎麼小心翼翼，面對心儀對象的示好都會悸動不已，男生就算緊張到手抖，還是會想盡辦法回應妳的。

所以，當妳發現妳用了這方法還是不奏效，兩人關係依然沒有進展，就不要逃避現實、還是想硬要製造見面機會。省下這份心，用在別人身上吧！

只要不是對妳完全沒感覺，沒有男生會對「好感加倍回饋」無動於衷。換個角度來說，當彼此都有好感時，「好感加倍回饋」絕對會是個百戰百勝的戰略。

我知道，時間一久，大家都會知道要用這個「好感加倍回饋」原理來抓住男生的心。不過，就像我們都知道要讓父母開心，孝順父母卻還是不容易做到一樣，這原理我們也都了解，但還是有人會因為沒有勇氣而錯過愛情。

　　這些在我們的生命中，都會是懊悔不已、只能隨時間慢慢遺忘的殘酷事實，也是我們都必須小心的現實。

最近受男生歡迎的女生，有哪些共通點？

女生通常覺得「漂亮的女生很受男生歡迎」，這點當然毋庸置疑，漂亮女生身邊總是不乏追求者。不過很有趣的是，漂亮女生也分成「很多人追」跟「沒什麼人追」這兩種。

根據我自己和朋友的經驗，姣好的外貌在吸引男生方面的確很占優勢，但這跟能不能抓住男生的心是兩回事。妳應該也有看過吧？在妳們班上，也會有那麼一個女生，同時有好幾個男同學想追求她。

其實班上比她漂亮的女生不少，不過，只要妳在同屆的男生或

學長酒酣耳熱的時候，問問他們最喜歡誰，大部分的人都會說是她。她到底有什麼魅力，怎麼有辦法同時抓住這麼多男生的心呢？

在我揭曉謎底前，妳要先理解「受男生歡迎」這句話的真正含意。「受歡迎」的意思是，他們很欣賞她。而「欣賞她」可以解釋成：覺得在不久的將來很有機會可以跟她拉近距離。

不過，這也往往只是男生單方面的錯覺，雖然他們相信她對自己有意思，但實際上絕大部分都是他們在單戀。

從這一點，可以發現她抓住男人心的祕密，就是：「讓男生產生希望」。是的，高冷型女神雖然能吸引男生的目光，卻無法抓住男生的心，因為她們並沒有帶給男生希望。

男生們認為高冷女神不太可能喜歡上自己，雖然在她身邊會被她吸引，但不在她身邊時也不會一直想到她。不過，那個讓自己產生錯覺、以為自己有機會能追到手的女生，就算不在她身旁，腦中也會不斷浮現出她的倩影。這樣在男生心中種下「希望」的女生，才是真正的人氣王。

那到底她們是如何讓男生種下希望的呢？

受男生歡迎的女生有兩種共通點，那就是「貼心」和「微笑」。

男生對擁有這兩種特質的女生超級沒有抵抗力，就像女生完全無法抗拒「有禮貌又體貼的男生」一樣。

舉例來說，第一天上班的男生找不到自己的部門在哪、站在走道上不知所措時，其他部門的女同事笑容可掬又親切地幫他帶路；或是男生上完課從椅子上站起來，背起包包要走時，背帶突然鬆開了，這時女同學在後面替他把背帶綁緊。男生就是會被女生這種貼心舉動收服。

不管那是她本來的個性，還是刻意裝出來的，男生都會被她美麗的微笑和貼心的舉動吸引，進而不斷想到她，心中的愛意也會開始萌芽。會利用男生這種心理的女生，我們稱為「中央空調女」。不管妳喜歡也好、討厭也罷，她們能擄獲男生的心，就是把貼心和微笑用在對的地方。

如果妳很注重打扮、身邊也常有人稱讚妳漂亮或可愛，但桃花運卻一直不旺，那就檢視一下我們平常待人處事貼不貼心。

男生不會在乎妳今天妝化得多精緻，也不會知道妳比三天前多一公斤、少一公斤，卻會非常敏銳地注意到妳親不親切、交談時愉不愉快等等的態度。

現在的妳，如果想趕快開始一段戀情，就不要光是研究流行妝

容、或節食減肥，先展現人見人愛的貼心和微笑吧！

不相信我說的嗎？妳還是覺得漂亮臉蛋和姣好身材才是吸引男生的最佳武器嗎？以後碰到沒妳漂亮的女生吸引了妳的意中人、被她迷得神魂顛倒時，就別覺得難過委屈或失望囉！因為這表示那男生覺得她比妳更有魅力。

那時就會恍然大悟，原來女生的魅力不全然從外表而來。不過就算唱：「啊，多麼痛的領悟～」也只有自己聽見了。

女生的魅力，是一股奧妙且令人無法抗拒的吸引力，絕對不是單用「外表」這個詞彙就能完全概括的。

心動和愛
有什麼不同？

不管是面對喜歡的對象，還是買到自己期待已久的東西，每個人都渴望怦然心動的感覺。因為悸動能讓人懷抱夢想，也會帶給人能實現夢想的希望。

不過，現實生活中常常事與願違，怦然心動的感覺很難維持很久。在占有心儀對象的瞬間、買到期待的東西的瞬間、夢想達成的瞬間，那份悸動的感覺總是沒持續多久，就消失得無影無蹤了。

這可以說是無法違逆的人性本質吧！不過，還是有些人想一直保持這股悸動的感覺，這就是前面提過的「曖昧上癮」。

期待買到的東西一到手就立刻盯上新目標，這種人叫「購物狂」；努力工作達標後，馬上設定更大的目標晝夜奮戰，這種人叫「工作狂」；剛跟喜歡的女生進入交往階段，卻忘不了悸動的感覺，結果又把目光轉向別的女生，這種人姑且就叫他「曖昧狂」吧。

　　這些狂人們的共通點，就是都把目標放在「享受東西得手之前的心動感」，而非得到那事物本身。

　　人的欲望無窮無盡，對他們而言不會有真正的滿足。只要能讓自己心動，他們就會不惜耗費金錢和時間，將所有的情感和資源投資在新對象身上，即使到頭來失去一切、陷入空虛之中也在所不惜。

　　人們常把「心動」和「愛」當成一樣的事，然而實際上心動和愛是截然不同的情感。愛的核心在於理解、珍惜並關心妳所擁有的他，經歷這樣的過程而萌芽的情感，才是所謂的愛。

　　如果要談心動和愛之間最關鍵的差異，我會說是：「犧牲的精神」。舉個例子來說好了，妳應該聽說過有父母在發生車禍時犧牲自己保護孩子，或是夫妻中有一方需要，另一人不假思索捐出自己的腎來延續對方性命，諸如此類的新聞。

　　就像這樣，愛一定會伴隨著犧牲。而超高顏值、穿著時尚、聲

音充滿磁性……我知道男生這些特徵會讓妳心裡小鹿亂撞，因為我看到這種女生也會有一樣的感覺。

但是，如果妳想要的不只是短暫的心動，而是長久的幸福，就要懂得分辨對方到底是對心動上癮，還是真正的Mr. Right？妳應該不希望他只是個輕浮的男生，跟妳交往後一點都不想犧牲，還成天瞄向別的女人吧？

現在起，別再被心動感帶來的甜蜜牽著鼻子走了。我們也已經到了能分辨的年紀，如果一味追求心動的感覺，就只會被空虛、挫折和憂鬱壟罩而已，就像以前的我們什麼都不懂、只追求心動的瞬間那樣。

伴隨著犧牲的愛並不容易，那種愛很深，深到無法測量。

所以，拋下那種瞬間打動內心後就消失得無影無蹤、輕如鴻毛的「心動」，選擇讓妳能比昨天更珍惜他，甚至願意和他相伴一生的偉大的「愛」吧！

27萬人淚推的
五型潛能人生整理術

第一本空間心理分析書！
從測驗找出你潛藏的性格天賦，
活出自己喜歡的樣子！

作者： 伊藤勇司
出版社：蘋果屋
定價：380元

上市前即登上日本亞馬遜書店分類榜第一名！
超過10000人感動重生推薦！
創造人生的奇蹟，從整理你的心開始。

★你的房間正在對你說：別再活得這麼黯淡無光！

空間心理諮商師伊藤勇司每一次到客戶家裡，都會問對方：「你理想的人生是什麼樣子呢？」

他發現，房間越凌亂的人，離他所描述的「理想人生」越遙遠：選錯工作、和別人處不好、對自己也不滿意，但是最主要的原因，是他們正過著「沒有發揮潛能」的人生。

★了解你的真正潛能X適合的空間整理法，今天起，讓自己每一天都發光！

伊藤勇司從幫助超過一萬名客戶重生的經驗中，設計出這套能透過你的「性格特質」找到「潛能」的測驗，並將結果分為五大類型：

■ 藝術大師型　■ 閃亮巨星型　■ 時尚人物型　■ 超級英雄型　■ 隱性領導型

這不只是一本整理書、一本潛能開發書，更是一本讓你能活得更自在的幸福書。